Mikrowellen-Küche 2023

Schnelle und Einfache Gerichte für den Alltag

Janine Müller

Inhalt

Paella	*13*
Paella mit Pimientos	*14*
Huhn Amandine	*15*
Chicken Amandine mit Tomaten und Basilikum	*16*
Hühnchen-Divan	*17*
Hühnerfleisch in Sahnesauce mit Sellerie	*18*
Hähnchen in Sahnesauce mit Pommes	*18*
Hähnchen a la König	*19*
Türkei à la King	*20*
Hähnchen à la King mit Käse	*20*
Hühnchen à la King Shortcakes	*20*
Slimmers Hühnerleberschmorbraten	*21*
Slimmers Putenleberschmorbraten	*22*
CHICKEN Tetrazzini	*23*
Auflauf mit Hühnchen und gemischtem Gemüse	*24*
Honighuhn auf Reis	*25*
Hühnchen in weißer Rumsauce mit Limette	*26*
Hühnchen in Brandy-Sauce mit Orange	*27*
Essstäbchen in gegrillter Soße mit Kindernudeln	*28*
Hähnchen in mexikanischer Mole-Sauce	*29*
Hähnchenflügel in gegrillter Sauce mit Babynudeln	*30*
Hühnchen-Jambalaya	*31*

Türkei Jambalaya	32
Hähnchen mit Kastanien	33
Hühner-Gumbo	34
Türkei-Gumbo	36
Hähnchenbrust mit braunem Orangenaufstrich	36
Hühnerfleisch in einer cremigen Pfeffersauce	37
Truthahn in cremiger Pfeffersauce	38
Waldhuhn	39
Huhn mit Äpfeln und Rosinen	40
Huhn mit Birnen und Rosinen	41
Grapefruit-Huhn	42
Ungarisches Huhn und gemischtes Gemüse	43
Hähnchen-Bourguignonne	44
Hühnerfrikassee	46
Hühnerfrikassee mit Wein	47
chicken Supreme	48
Coq Au Vin	48
Coq au Vin mit Pilzen	49
Coq au Cola	49
Schlägel mit Devilled-Beschichtung	50
Hähnchen-Cacciatore	51
Huhn nach Jägerart	52
Hähnchen-Marengo	52
Sesame Chicken	53
Hauptmann des Landes	54
Hühnchen in Tomaten-Kapern-Sauce	56
Hühnerpaprika	58

Schattierungen des Huhns des Ostens 60
Nasi Goreng 62
Truthahnbraten 63
Spanische Türkei 64
Truthahn-Tacos 65
Pfannkuchen-Tacos 67
Truthahnbrot 67
Anglo-Madras Truthahn-Curry 68
Frucht-Truthahn-Curry 69
Truthahnkuchen mit Brot und Butter 71
Truthahn-Reis-Aufläufe mit Füllung 73
Putenbrust mit Orangenglasur 74
Süß-saure Ente 75
Ente Kanton 76
Ente mit Orangensauce 77
Ente im französischen Stil 79
Backen von knochenlosen und gerollten Fleischstücken 81
Süß-saure Schweinekoteletts mit Orange und Limette 82
Hackbraten 83
Truthahn- und Wurstfleisch 84
Schweinekoteletts mit Zip-Dressing 84
Auflauf mit hawaiianischem Schweinefleisch und Ananas 85
Auflauf mit hawaiianischem Schinken und Ananas 86
Festlicher Schinken 87
Glasierter Galaschinken 88
Paella mit spanischer Salami 89
Frikadellen nach schwedischer Art 89

Schweinebraten mit Grieben *91*
Schweinebraten mit Honig *92*
Schweinekoteletts mit Rotkohl *92*
Schweinefilet nach römischer Art *93*
Schweinefilet und Gemüseauflauf *94*
Chili-Schweinekoteletts *95*
Schweinefleisch mit Chutney und Mandarinen *96*
"Gegrillte" Rippchen *97*
Chicorée eingewickelt in Schinken in Käsesauce *98*
Schweinerippchen in einer klebrigen Orangen-Barbecue-Sauce . *101*
Steak und Pilzpudding *102*
Steak und Nierenpudding *104*
Steak und Kastanienpudding *104*
Steak und eingelegter Walnusspudding mit Pflaumen *104*
Südamerikanisches "gehacktes" Fleisch *104*
Brasilianisches "gehacktes" Fleisch mit Eiern und Oliven *105*
Reuben Sandwich *106*
Rindfleisch Chow Mein *106*
Rindfleisch-Chop-Suey *107*
Auberginen- und Rindfleischauflauf *107*
Curry mit Frikadellen *109*
Italienische Fleischbällchen *110*
Schnelle Paprika-Fleischbällchen *111*
Kräuter-Rindfleisch-Scheiben-Buffet *112*
Erdnussrindfleisch nach malaysischer Art mit Kokosnuss *113*
Ein schnelles Rindfleisch und Mayonnaise-Laib *114*
Rindfleisch in Rotwein gekocht *115*

Minz-Auberginen-Dip *117*
Auberginen-Dip mit Tomaten und gemischten Kräutern............. *118*
Auberginen- und Tahini-Dip aus dem Nahen Osten..................... *119*
Türkischer Auberginen-Dip *120*
Griechischer Auberginen-Dip.. *121*
Cauda-Sumpf *122*
Auberginenauflauf *123*
Eingelegte Cocktailpilze *125*
Gefüllte gebackene Auberginen mit Eiern und Pinienkernen....... *126*
Griechische Pilze *127*
Artischocken-Vinaigrette *128*
Caesar Salat... *129*
Holländischer Chicorée mit Ei und Butter *130*
Ei-Mayonnaise... *131*
Eier mit Skordalia-Mayonnaise *132*
Schottische Waldschnepfe.. *133*
Eier mit schwedischer Mayonnaise *134*
Türkischer Bohnensalat *135*
Bohnensalat mit Ei... *136*
Eingetopfter Kipper *137*
Eingemachte Garnelen *138*
Gebackene Avocado mit gefülltem Ei *139*
Avocado gefüllt mit Tomaten und Käse *140*
Skandinavischer Rollmop und Apfelsalat *141*
Rollmop und Apfelsalat mit Currysauce *142*
Blattsalat mit Ziegenkäse und warmem Dressing........................ *143*
Gelee-Tomatenbecher.. *143*

Gefüllte Tomaten *145*
Italienische gefüllte Tomaten *146*
Gläser für Tomaten- und Hühnersalat *147*
Gehackte Eier und Zwiebeln *148*
Quiche Lorraine *149*
Käse-Tomaten-Quiche *151*
Räucherlachs-Quiche *151*
Garnelen-Quiche *151*
Spinatquiche *151*
Mediterrane Quiche *152*
Spargel-Quiche *153*
Gekochte Walnüsse *154*
Gedämpfte Walnüsse für Curry *155*
Flan mit Blauschimmelkäse und Pekannüssen *156*
Reichhaltige Leberpastete *158*
Scharf-saure Krabbensuppe *159*
Leichte orientalische Suppe *161*
Suppe mit Leberknödel *162*
Cremige Karottensuppe *163*
Gekühlte Karotten-Lauch-Suppe *164*
Karotten und Koriander Suppe *165*
Karotte mit Orangensuppe *165*
Salatcremesuppe *166*
Grüne Püreesuppe *167*
Pastinaken-Petersilien-Suppe mit Wasabi *168*
SÜßE KARTOFFELSUPPE *168*
Cremige Gemüsesuppe *169*

Grüne Erbsensuppe *170*

Kürbissuppe *170*

Cremige Pilzsuppe *170*

Kürbiscremesuppe *171*

Cock-a-leekie-Suppe *172*

Scotchsuppe *173*

Israelische Hühnchen-Avocado-Suppe *174*

Avocadosuppe mit Rüben *174*

Borsch *175*

Kalter Bortsch *176*

Cremig kalter Bortsch *176*

Orangen-Linsen-Suppe *177*

Orangen-Linsen-Suppe mit Käse und gerösteten Cashewnüssen. *178*

Linsensuppe mit Tomatengarnitur *178*

Gelbe Erbsensuppe *179*

französische Zwiebelsuppe *180*

Minestrone *181*

Minestrone Genovese *182*

Italienische Kartoffelsuppe *183*

Frische Tomaten-Sellerie-Suppe *184*

Tomatensuppe mit Avocado-Dressing *185*

Gekühlte Käse- und Zwiebelsuppe *186*

Käsesuppe nach Schweizer Art *187*

Avgolemono-Suppe *188*

Cremige Gurkensuppe mit Pastis *189*

Currysuppe mit Reis *190*

Vichyssoise *191*

Gekühlte Gurkensuppe mit Joghurt 193
Gekühlte Spinatsuppe mit Joghurt 194
Gekühlte Tomatensuppe mit Sherry 195
Neuengland-Fischsuppe 196
Krabbensuppe 197
Krabben-Zitronen-Suppe 198
Hummercremesuppe 198
Getrocknete verpackte Suppe 198
Kondensierte Suppe aus der Dose 199
Suppen aufwärmen 199
Eier zum Kochen erhitzen 199
Pochierte Eier 200
Gebratene (gedämpfte) Eier 201
Piperade 202
Piperade mit Schinken 203
Piperada 203
Florentiner Eier 204
Pochiertes Ei Rossini 205
Auberginen-Mixer 205
Klassisches Omelett 207
Aromatisierte Omeletts 208
Brunch-Omelett 209
Pochiertes Ei mit geschmolzenem Käse 210
Eier Benedikt 210
Omelett Arnold Bennett 211
Tortilla 212
Spanisches Omelett mit gemischtem Gemüse 213

Spanisches Omelett mit Schinken 214

Rohe Eier in Selleriesauce.. 214

Ei Fu Yung 215

Pizza-Omelett.. 216

Soufflé-Omelett 217

Rollmops mit Aprikosen 218

Pochierter Kipper 219

Madras-Garnelen... 220

Martini-Schollen-Röllchen mit Sauce 222

Paella

Serviert 6

1 kg Hähnchenbrust ohne Knochen
30 ml/2 Esslöffel Olivenöl
2 Zwiebeln, gehackt
2 Knoblauchzehen, zerdrückt
1 grüne Paprika, entkernt und gehackt
225 g/8 oz/1 Tasse Risottoreis
1 Päckchen Safranpulver oder 5 ml/1 Teelöffel Kurkuma
175 g/6 oz/1½ Tassen gefrorene Erbsen
4 Tomaten, blanchiert und enthäutet
225 g gekochte Muscheln
75 g gekochter Schinken, gewürfelt
125 g/4 oz/1 Tasse geschälte Garnelen (Garnelen)
600 ml/1 pt/2½ Tassen kochendes Wasser
7,5–10 ml/1½–2 TL Salz
Extra gekochte Muscheln, gekochte Garnelen und Zitronenschnitze zur Dekoration

Legen Sie das Hähnchen um den Rand einer 25 cm/10 cm großen Auflaufform (Dutch Oven) und lassen Sie in der Mitte ein Loch. Mit Folie (Plastikfolie) abdecken und zweimal durchschneiden, damit der Dampf entweichen kann. 15 Minuten voll garen. Flüssigkeit abgießen und aufbewahren. Hähnchen in Würfel schneiden. Waschen und trocknen Sie das Geschirr. Gießen Sie das Öl in die Pfanne und erhitzen Sie es eine volle Minute lang. Zwiebel, Knoblauch und grüne Paprika unterrühren. Offen 4 Minuten bei voller Hitze garen. Alle restlichen Zutaten mit Hähnchen und Reservelikör beigeben, gut mischen. Zudecken wie zuvor und die vollen 20 Minuten garen, dabei den Topf dreimal wenden. 10 Minuten im Ofen lassen und dann weitere 5 Minuten backen. Aufdecken und mit Muscheln, Garnelen und Zitronenscheiben dekorieren.

Paella mit Pimientos

Serviert 6

Wie Paella zubereiten, aber die Muscheln und andere Meeresfrüchte weglassen, wenn Sie möchten, und mit Zitronenschnitzen, 200 g abgetropften, konservierten Pimientos, in Streifen geschnitten, und zusätzlichen Erbsen garnieren.

Huhn Amandine

Serviert 4

Ein typisch nordamerikanisches Kurzrezept.

4 Hühner, jeweils etwa 450 g / 1 lb
300 ml/10 fl oz/1 Dose Kondensierte Pilzcremesuppe
150 ml/¼ pt/2/3 Tasse halbtrockener Sherry
1 Knoblauchzehe, zerdrückt
90 ml/6 Esslöffel geröstete geschälte (geriebene) Mandeln
175 g brauner Reis, gekocht
Brokkoli

Legen Sie die Poussins mit der Brustseite nach unten und in einer einzigen Schicht in eine große, tiefe, mikrowellengeeignete Schüssel. Mit Folie (Plastikfolie) abdecken und zweimal durchschneiden, damit der Dampf entweichen kann. 25 Minuten bei voller Leistung garen, dabei den Topf viermal wenden. Drehen Sie die Hähnchen um, so dass sie jetzt mit der Brustseite nach oben liegen. Rühren Sie die Suppe vorsichtig mit dem Sherry und dem Bratensaft des Huhns um. Knoblauch einrühren. Wieder über die Hähnchen gießen. Zudecken wie zuvor und volle 15 Minuten garen, dabei den Topf dreimal wenden. 5 Minuten stehen lassen. Übertragen Sie die Hähnchen auf vorgewärmte Teller und gießen Sie die Sauce darüber. Mit Mandeln bestreuen und mit Reis und Brokkoli servieren.

Chicken Amandine mit Tomaten und Basilikum

Serviert 4

Wie Hühnchen Amandine zubereiten, aber die kondensierte Tomatencremesuppe durch Champignons und Marsala durch Sherry ersetzen. Gegen Ende der Garzeit 6 zerzupfte Basilikumblätter hinzugeben.

Hühnchen-Divan

Serviert 4

Eine weitere einfache nordamerikanische Spezialität, traditionell aus Brokkoli hergestellt.

1 großer Brokkolikopf, gekocht
25 g/1 oz/2 EL Butter oder Margarine
45 ml/3 Esslöffel einfaches (Allzweck-)Mehl
150 ml/¼ Pt/2/3 Tasse warme Hühnerbrühe
150 ml/¼ pt/2/3 Tasse einfache (leichte) Sahne
50 g/2 oz/½ Tasse roter Leicester-Käse, gerieben
30 ml/2 Löffel trockener Weißwein
5 ml/1 TL feiner Senf
225 g/8 oz/2 Tassen gekochte Hühnchenwürfel
Salz
Gemahlene Muskatnuss
45 ml/3 Löffel geriebener Parmesankäse
Rote Paprika

Den Brokkoli in Röschen teilen und auf den Boden einer leicht gebutterten tiefen Schüssel mit einem Durchmesser von 25 cm/10 geben. In einer separaten Schüssel die Butter oder Margarine 45–60 Sekunden lang bei voller Hitze erhitzen, bis sie anfängt zu brutzeln. Das Mehl untermischen und nach und nach die warme Brühe und Sahne unterrühren. 4-5 Minuten auf hoher Stufe kochen, bis es eingedickt ist, dabei jede Minute umrühren. Red Leicester, Wein, Senf und Hähnchen einrühren. Mit Salz und Muskat abschmecken. Die Soße über den Brokkoli gießen. Mit Parmesan und Paprika bestreuen. Mit Folie (Plastikfolie) abdecken und zweimal durchschneiden, damit der Dampf entweichen kann. Im Auftaumodus 8-10 Minuten lang erhitzen, bis es heiß ist.

Hühnerfleisch in Sahnesauce mit Sellerie

Serviert 4

Wie Chicken Divan zubereiten, aber Brokkoli durch 400 g/14 oz/1 große Dose abgetropfte Sellerieherzen ersetzen. (Die Flüssigkeit aus der Dose kann für andere Rezepte reserviert werden.)

Hähnchen in Sahnesauce mit Pommes

Serviert 4

Als Chicken Divan zubereiten, aber das Käse- und Paprika-Topping weglassen. Stattdessen mit 1 Tüte Kartoffelchips (Flocken), grob zerkleinert, bestreuen.

Hähnchen a la König

Serviert 4

Ein weiterer Import aus den USA und eine innovative Art, Hähnchenreste zu verwenden.

40 g/1½ oz/3 EL Butter oder Margarine
40 g/1½ oz/1½ EL einfaches (Allzweck-)Mehl
300 ml/½ Punkt/1¼ Tassen warme Hühnerbrühe
60 ml/4 EL doppelte (schwere) Sahne
1 rote Piment aus der Dose, in dünne Streifen geschnitten
200 g/7 Unzen/kleine 1 Tasse Pilze aus der Dose, in Scheiben geschnitten, abgetropft
Salz und frisch gemahlener schwarzer Pfeffer
350 g/12 oz/2 Tassen gekochtes Hähnchen, gewürfelt
15 ml/1 Esslöffel halbtrockener Sherry
Frisch zubereiteter Toast zum Servieren

Butter oder Margarine in eine 1,5-Quart/2½-Quart/6-Tassen-Auflaufform (Dutch Oven) geben. Ohne Deckel 1 Minute zum Auftauen erhitzen. Das Mehl untermischen, dann nach und nach Brühe und Sahne unterrühren. Ohne Deckel 5-6 Minuten auf höchster Stufe köcheln lassen, bis es sprudelt und eingedickt ist, dabei jede Minute umrühren. Alle restlichen Zutaten mischen und gut verrühren. Mit einem Teller abdecken und 3 Minuten auf Vollgas erhitzen. Lassen Sie es 3 Minuten stehen, bevor Sie es auf Toast servieren.

Türkei à la King

Serviert 4

Wie Hähnchen à la King (oben) zubereiten, aber das Hähnchen durch gekochten Truthahn ersetzen.

Hähnchen à la King mit Käse

Serviert 4

Wie Hähnchen à la King (oben) zubereiten, aber nach 3 Minuten Erhitzen mit 125 g/4 Unzen/1 Tasse geriebenem Red Leicester-Käse bedecken. Unbedeckt weitere 1-1½ Minuten auf hoher Stufe erhitzen, bis der Käse geschmolzen ist.

Hühnchen à la King Shortcakes

Serviert 4

Als Hähnchen à la King zubereiten. Teilen Sie vor dem Servieren 4 große Natur- oder Käse-Scones (Kekse) und legen Sie die Böden auf vier vorgewärmte Teller. Mit der Hühnermischung bedecken und mit Deckeln abdecken. Heiß essen.

Slimmers Hühnerleberschmorbraten

Serviert 4

Ein fettarmes, stärkearmes Hauptgericht, das statt mit Kartoffeln auch mit Brokkoli oder Blumenkohl gegessen werden kann.

15 ml/1 Esslöffel Oliven- oder Sonnenblumenöl
1 rote Paprika, entkernt und in dünne Scheiben geschnitten
1 große Karotte, in dünne Scheiben geschnitten
1 große Zwiebel, in dünne Scheiben geschnitten
2 große Stangen Sellerie, schräg in dünne Scheiben geschnitten
450 g Hähnchenbrust, in mundgerechte Stücke geschnitten
10 ml/2 TL Maismehl (Maisstärke)
4 große Tomaten, blanchiert, gehäutet und grob gehackt
Salz und frisch gemahlener schwarzer Pfeffer

Öl in eine 1,75-Quart/3-pt/7½-Cup-Auflaufform (Dutch Oven) geben. Das vorbereitete Gemüse einrühren und offen 5 Minuten bei voller Hitze garen, dabei zweimal umrühren. Die Leber unter das Gemüse mischen und offen 3 Minuten garen, dabei einmal umrühren. Maismehl, Tomaten und Gewürze nach Geschmack einrühren. Mit

Folie (Plastikfolie) abdecken und zweimal durchschneiden, damit der Dampf entweichen kann. Volle 6 Minuten garen, dabei einmal wenden.

Slimmers Putenleberschmorbraten

Serviert 4

Wie für Slimmers' Hühnerleberschmoren zubereiten, aber Hühnerleber durch Putenleber ersetzen.

CHICKEN Tetrazzini

Serviert 4

175 g/6 oz/1½ Tassen kurz geschnittene Makkaroni
300 ml/10 fl oz/1 Dose kondensierte Hühnercremesuppe oder Pilzsuppe
150 ml/¼ pt/2/3 Tasse Milch
225 g Champignons in Scheiben geschnitten
350 g/12 oz/2 Tassen kalt gekochtes Hähnchen, gewürfelt
15 ml/1 Esslöffel Zitronensaft
50 g/2 oz/¾ Tasse gehobelte (geriebene) Mandeln
1,5 ml/¼ Teelöffel gemahlene Muskatnuss
75 g/3 oz/¾ Tasse Cheddar-Käse, fein gerieben

Kochen Sie die Makkaroni gemäß den Anweisungen auf der Verpackung. Freigeben. Gießen Sie die Suppe in eine gebutterte 1,75-Liter-Schüssel. Milch einschlagen. Ohne Deckel 5-6 Minuten auf voller Stufe erhitzen, bis es heiß ist und leicht sprudelt. Die Makkaroni und alle restlichen Zutaten außer dem Käse untermischen. Mit Folie (Plastikfolie) abdecken und zweimal durchschneiden, damit der Dampf entweichen kann. Bei voller Leistung 12 Minuten garen, dabei den Topf dreimal umdrehen. Aufdecken und mit Käse bestreuen. Braten Sie konventionell unter einem heißen Grill (Masthähnchen).

Auflauf mit Hühnchen und gemischtem Gemüse

Serviert 4

4 große Salzkartoffeln in dünne Scheiben schneiden
3 gekochte Karotten, in dünne Scheiben schneiden
125 g/4 oz/1 Tasse gekochte Erbsen
125 g/4 oz/1 Tasse gekochter Zuckermais
4 Portionen Huhn, 225 g/8 oz, ohne Haut
300 ml/10 fl oz/1 Dose kondensierte Selleriecremesuppe oder andere Aromen nach Geschmack
45 ml/3 EL halbtrockener Sherry
30 ml/2 Esslöffel einfache (leichte) Sahne
1,5 ml/¼ Teelöffel geriebene Muskatnuss
75 g/3 oz/1¼ Tassen Cornflakes, grob zerkleinert

Den Boden einer gebutterten tiefen Form mit einem Durchmesser von 25 cm/10 mit Kartoffel- und Karottenscheiben belegen. Mit Erbsen und Mais bestreuen und mit Hühnchen garnieren. Mit Folie (Plastikfolie) abdecken und zweimal durchschneiden, damit der Dampf entweichen kann. 8 Minuten bei voller Leistung garen, dabei den Topf viermal wenden. Die Suppe mit allen restlichen Zutaten außer den Cornflakes verquirlen. Löffel über das Huhn. Zudecken wie zuvor und die vollen 11 Minuten garen, dabei den Topf zweimal wenden. 5 Minuten stehen lassen. Vor dem Servieren aufdecken und mit Cornflakes bestreuen.

Honighuhn auf Reis

Serviert 4

25 g/1 oz/2 EL Butter oder Margarine
1 große Zwiebel, gehackt
6 geschnittene Speckscheiben
75 g/3 oz/1/3 Tasse leicht zu kochender Langkornreis
300 ml/½ Punkt/1¼ Tasse heiße Hühnerbrühe
Frisch gemahlener schwarzer Pfeffer
4 Hähnchenbrüste ohne Knochen, je 175 g
Fein abgeriebene Schale und Saft von 1 Orange
30 ml/2 Esslöffel dunkler klarer Honig
5 ml/1 Teelöffel Paprika
5 ml/1 TL Worcestersauce

Butter oder Margarine in einen tiefen Teller mit einem Durchmesser von 20 cm/8 geben. Unbedeckt eine volle Minute lang erhitzen. Zwiebel, Speck, Reis, Brühe und Gewürze nach Geschmack einrühren. Das Hähnchen in einem Ring darauf anrichten. Orangenschale und -

saft, Honig, Paprika und Worcestershire-Sauce mischen. Die Hälfte über das Huhn geben. Mit Folie (Plastikfolie) abdecken und zweimal durchschneiden, damit der Dampf entweichen kann. 9 Minuten bei voller Leistung garen, dabei den Topf dreimal umdrehen. Aufdecken. Das Huhn mit der restlichen Honigmischung bestreichen. Offen 5 Minuten bei voller Hitze garen. Vor dem Servieren 3 Minuten stehen lassen.

Hühnchen in weißer Rumsauce mit Limette

Serviert 4

25 g/1 oz/2 EL Butter oder Margarine
10 ml/2 TL Mais- oder Sonnenblumenöl
1 Lauch, sehr dünn geschnitten
1 Knoblauchzehe, zerdrückt
75 g/3 oz/¾ Tasse magerer Schinken, gehackt
675 g Hähnchenbrust ohne Knochen, in mundgerechte Stücke geschnitten
3 Tomaten, blanchiert, gehäutet und grob gehackt
30 ml/2 Esslöffel weißer Rum
5 cm/2 in Streifen Limettenschale
Saft von 1 Süßorange
Salz
150 ml/¼ Pt/2/3 Tasse Naturjoghurt
Brunnenkresse (optional)

Butter oder Margarine und Öl in eine Auflaufform 23 cm/9 (Dutch Oven) geben. Unbedeckt eine volle Minute lang erhitzen. Lauch, Knoblauch und Schinken unterrühren. 4 Minuten ohne Deckel garen und zweimal umrühren. Rühren Sie das Huhn ein. Mit einem Teller abdecken und volle 7 Minuten garen, dabei die Schüssel zweimal wenden. Fügen Sie alle restlichen Zutaten außer Joghurt und Brunnenkresse hinzu, falls verwendet. Mit Folie (Plastikfolie) abdecken und zweimal durchschneiden, damit der Dampf entweichen kann. 8 Minuten bei voller Leistung garen, dabei den Topf viermal wenden. Aufdecken. Joghurt mit etwas Flüssigkeit aus der Schüssel glatt und cremig rühren, dann über das Hähnchen gießen. Unbedeckt bei voller Leistung 1½ Minuten erhitzen. Entsorgen Sie die Limette. Nach Belieben mit Brunnenkresse garniert servieren.

Hühnchen in Brandy-Sauce mit Orange

Serviert 4

Wie Hähnchen in weißer Rum-Limetten-Sauce zubereiten, aber Rumbrand und Limette durch Orangenschale ersetzen. Verwenden Sie statt Orangensaft 60 ml/4 EL Ginger Ale.

Essstäbchen in gegrillter Soße mit Kindernudeln

Serviert 4

900 g Hähnchenschenkel

2 Zwiebeln, gehackt

2 Selleriestangen, gehackt

30 ml/2 EL Vollkornsenf

2,5 ml/½ TL Paprika

5 ml/1 TL Worcestersauce

400 g/14 oz/1 große Dose Tomatenwürfel in Tomatensaft

125 g/4 oz/1 Tasse kleine Nudeln

7,5 ml/1 ½ TL Salz

Legen Sie die Keulen wie die Speichen eines Rades in eine 25 cm/10 tiefe Schale mit den knochigen Enden zur Mitte. Mit Folie (Plastikfolie) abdecken und zweimal durchschneiden, damit der Dampf entweichen kann. Volle 8 Minuten garen, dabei den Topf dreimal wenden. In der Zwischenzeit das Gemüse in eine Schüssel geben und die restlichen Zutaten vermischen. Das Hähnchengericht aus der Mikrowelle nehmen, den Hähnchensaft aufdecken und in die Gemüsemischung gießen. Gut mischen. Löffel über Stäbchen. Zudecken wie zuvor und volle 15 Minuten garen, dabei den Topf dreimal wenden. Vor dem Servieren 5 Minuten stehen lassen.

Hähnchen in mexikanischer Mole-Sauce

Serviert 4

4 Hähnchenbrüste ohne Knochen, je 175 g/6 oz, ohne Haut
30 ml/2 Esslöffel Maisöl
1 große Zwiebel fein gehackt
1 grüne Paprika, entkernt und gehackt
1 Knoblauchzehe, zerdrückt
30 ml/2 Esslöffel einfaches (Allzweck-)Mehl
3 ganze Nelken
1 Lorbeerblatt
2,5 ml/½ Teelöffel gemahlener Zimt
5 ml/1 TL Salz
150 ml/¼ pt/2/3 Tasse Tomatensaft
50 g/2 oz/½ Tasse glatte (halbsüße) Schokolade, in Stücke gebrochen
175 g Langkornreis, gekocht
15 ml/1 Esslöffel Knoblauchbutter

Legen Sie das Huhn um den Rand einer 20 cm/8 tiefen Schüssel. Mit Folie (Plastikfolie) abdecken und zweimal durchschneiden, damit der Dampf entweichen kann. 6 Minuten voll garen. Während der Zubereitung der Sauce stehen lassen. In einem separaten Topf das Öl ohne Deckel 1 Minute bei voller Leistung erhitzen. Rühren Sie die Zwiebel, den grünen Pfeffer und den Knoblauch ein. Offen 3 Minuten bei voller Hitze garen und zweimal umrühren. Mehl einrühren, dann Nelken, Lorbeerblatt, Zimt, Salz und Tomatensaft. 4 Minuten ohne Deckel garen, dabei jede Minute umrühren. Aus der Mikrowelle nehmen. Die Schokolade hinzugeben und gründlich mischen. Offen 30 Sekunden lang garen. Decken Sie das Huhn auf und bestreichen Sie es mit scharfer Soße. Zugedeckt wie zuvor 8 Minuten garen. 5 Minuten stehen lassen. Mit Reisaufstrich mit Knoblauchbutter servieren.

Hähnchenflügel in gegrillter Sauce mit Babynudeln

Serviert 4

Zubereiten wie Keulen in Barbecue-Sauce mit Babynudeln, aber die Keulen durch Hähnchenflügel ersetzen.

Hühnchen-Jambalaya

3-4 Portionen

Louisiana Hotfoot ist ein wunderbares Reis- und Hühnchengericht, das mit Paella verwandt ist.

2 Hähnchenbrust ohne Knochen
50 g Butter oder Margarine
2 große Zwiebeln, gehackt
1 rote Paprika, entkernt und gehackt
4 Selleriestangen, gehackt
2 Knoblauchzehen, zerdrückt
225 g/8 oz/1 Tasse leicht gekochter Langkornreis
400 g/14 oz/1 große Dose Tomatenwürfel in Tomatensaft
10–15 ml/2–3 TL Salz

Legen Sie das Huhn um den Rand einer 25 cm/10 tiefen Schüssel. Mit Folie (Plastikfolie) abdecken und zweimal durchschneiden, damit der Dampf entweichen kann. 7 Minuten voll garen. 2 Minuten stehen lassen. Legen Sie das Huhn auf ein Brett und schneiden Sie es in Würfel. Gießen Sie den Bratensaft des Hähnchens in einen Krug und stellen Sie ihn beiseite. Die Schüssel waschen und trocknen, die Butter hinzugeben und ohne Deckel 1½ Minuten schmelzen. Rühren Sie die reservierte Flüssigkeit, das Huhn, das vorbereitete Gemüse, den Knoblauch, den Reis und die Tomaten ein. Mit Salz. Zugedeckt wie zuvor auf hoher Stufe 20-25 Minuten garen, bis die Reiskörner trocken sind und die gesamte Feuchtigkeit aufgenommen haben. 5 Minuten stehen lassen, mit einer Gabel einstechen und sofort servieren.

Türkei Jambalaya

3-4 Portionen

Zubereiten wie Chicken Jambalaya, aber Putenbrust statt Hähnchen ersetzen.

Hähnchen mit Kastanien

Serviert 4

25 g/1 oz/2 EL Butter oder Margarine
2 große Zwiebeln, geschält und gerieben
430g/15oz/1 große Dose ungesüßtes Kastanienpüree
2,5 ml/½ Teelöffel Salz
4 Hähnchenbrüste ohne Haut und ohne Knochen, je 175 g
3 Tomaten, blanchiert, gehäutet und in Scheiben geschnitten
30 ml/2 Esslöffel gehackte Petersilie
Rotkohl und Salzkartoffeln zum Servieren

Butter oder Margarine in einen tiefen Teller mit einem Durchmesser von 20 cm/8 geben. Unbedeckt schmelzen und 1½ Minuten auftauen lassen. Zwiebel unterrühren. Offen 4 Minuten bei voller Hitze garen. Kastanienpüree und Salz löffelweise dazugeben und gut vermischen, dabei gut mit der Zwiebel vermischen. In einer gleichmäßigen Schicht auf dem Boden der Form verteilen und die Hähnchenbrüste oben um den Rand der Form herum anordnen. Tomatenscheiben darauf anrichten und mit Petersilie bestreuen. Mit Folie (Plastikfolie) abdecken und zweimal durchschneiden, damit der Dampf entweichen kann. 15 Minuten bei voller Leistung garen, dabei den Topf dreimal umdrehen. 4 Minuten einwirken lassen. Serviert mit Rotkohl und Kartoffeln.

Hühner-Gumbo

Serviert 6

Gumbo ist eine Mischung aus Suppe und Eintopf und ein südländisches Hausmannskost und einer der besten Exporte von Louisiana. Die Basis bilden Okra (Frauenfinger) und brauner Eintopf mit der Zugabe von Gemüse, Gewürzen, Brühe und Hühnchen.

50 g Butter
50 g/2 oz/½ Tasse einfaches (Allzweck-)Mehl
900 ml/1½ Punkte/3¾ Tassen heiße Hühnerbrühe
350 g/12 oz Okraschoten (Frauenfinger), mit Spitze und Schwanz
2 große Zwiebeln, fein gehackt
2 Knoblauchzehen, zerdrückt
2 große Stangen Sellerie, in dünne Scheiben geschnitten
1 grüne Paprika, entkernt und gehackt
15–20 ml/3–4 TL Salz
10 ml/2 TL gemahlener Koriander (Koriander)
5 ml/1 Teelöffel Kurkuma

5–10 ml/1–2 TL gemahlener Piment

30 ml/2 Esslöffel Zitronensaft

2 Lorbeerblätter

5–10 ml/1–2 TL Peperonisauce

450 g / 1 lb / 4 Tassen gekochtes Hähnchen, zerkleinert

175 g Langkornreis, gekocht

Legen Sie die Butter in eine 2,5-Quart/4½-Punkt/11-Tassen-Auflaufform (Dutch Oven). Unbedeckt volle 2 Minuten erhitzen. Mehl einrühren. Ohne Deckel 7 Minuten bei voller Hitze kochen, dabei jede Minute umrühren, bis die Mischung eine hellbraune Mehlschwitze bildet, die die Farbe eines gut gebackenen Kekses hat. Die heiße Brühe nach und nach einrühren. Jede Okraschote in acht Stücke schneiden und mit allen restlichen Zutaten außer Hähnchen und Reis in den Auflauf geben. Mit Folie (Plastikfolie) abdecken und zweimal durchschneiden, damit der Dampf entweichen kann. 15 Minuten voll garen. Rühren Sie das Huhn ein. Zugedeckt wie zuvor 15 Minuten garen. 5 Minuten stehen lassen. Mischen und in Suppentassen füllen. Fügen Sie jeweils einen Haufen Reis hinzu.

Türkei-Gumbo

Serviert 6

Wie Chicken Gumbo zubereiten, aber das Huhn durch gekochten Truthahn ersetzen.

Hähnchenbrust mit braunem Orangenaufstrich

Serviert 4

60 ml/4 EL Orangenmarmelade (Dose) oder fein gehackte Marmelade
15 ml/1 Esslöffel Malzessig
15 ml/1 Esslöffel Sojasauce
1 Knoblauchzehe, zerdrückt
2,5 ml/½ TL gemahlener Ingwer
7,5 ml/1 ½ TL Maismehl (Maisstärke)
4 Hähnchenbrüste ohne Knochen, je 200 g, ohne Haut
Chinesische Nudeln, gekocht

Alle Zutaten außer Huhn und Nudeln in einer kleinen Schüssel mischen. Unbedeckt volle 50 Sekunden erhitzen. Hähnchenbrüste am Rand eines tiefen Tellers mit einem Durchmesser von 20 cm/8 anrichten. Die Hälfte des Basts darauf verteilen. Mit einem Teller abdecken und volle 8 Minuten garen, dabei die Schüssel zweimal wenden. Die Brüste wenden und mit den restlichen Gewürzen einreiben. Zugedeckt wie zuvor weitere 8 Minuten garen. 4 Minuten stehen lassen, dann mit chinesischen Nudeln servieren.

Hühnerfleisch in einer cremigen Pfeffersauce

Serviert 6

25 g/1 oz/2 EL Butter oder Margarine
1 kleine Zwiebel, fein gehackt
4 Hähnchenbrust ohne Knochen
15 ml/1 Esslöffel Maismehl (Maisstärke)
30 ml/2 Esslöffel kaltes Wasser
15 ml/1 Esslöffel Tomatenmark (Paste)
20–30 ml/4–6 TL grüner Madagaskar-Pfeffer aus der Flasche oder Dose
150 ml/¼ pt/2/3 Tasse saure (milchsaure) Sahne
5 ml/1 TL Salz
275 g/10 oz/1 ¼ Tassen Langkornreis, gekocht

Butter oder Margarine in einen tiefen Teller mit einem Durchmesser von 20 cm/8 geben. Unbedeckt in vollen 45-60 Sekunden schmelzen. Fügen Sie die Zwiebel hinzu. Offen 2 Minuten bei voller Hitze garen. Hähnchenbrust quer zur Faser in 2,5 cm/1 breite Streifen schneiden. Gut in die Butter und Zwiebel mischen. Mit Folie (Plastikfolie) abdecken und zweimal durchschneiden, damit der Dampf entweichen kann. Volle 6 Minuten garen, dabei den Topf dreimal wenden. In der Zwischenzeit Maismehl mit kaltem Wasser glatt rühren. Alle restlichen Zutaten außer Reis mischen. Mit Hähnchen und Zwiebel mischen, die Mischung an die Ränder der Form schieben und in der Mitte eine kleine Vertiefung lassen. Zudecken wie zuvor und volle 8 Minuten garen, dabei den Topf viermal wenden. 4 Minuten einwirken lassen. Vor dem Servieren mit Reis umrühren.

Truthahn in cremiger Pfeffersauce

Serviert 6

Zubereiten wie Hähnchen in cremiger Pfeffersauce, aber Putenbrust statt Hähnchen ersetzen.

Waldhuhn

Serviert 4

4 Hähnchenviertel ohne Haut, je 225 g
30 ml/2 Esslöffel Mais- oder Sonnenblumenöl
175 g (6 oz) gehackte Speckscheiben
1 Zwiebel, gehackt
175 g Champignons, in Scheiben geschnitten
300 ml/½ Pt/1¼ Tassen Passata
15 ml/1 Esslöffel brauner Essig
15 ml/1 Esslöffel Zitronensaft
30 ml/2 Esslöffel hellbrauner Zucker
5 ml/1 Teelöffel zubereiteter Senf
30 ml/2 EL Worcestersauce
Gehackte Korianderblätter zum Garnieren

Legen Sie das Hähnchen um den Rand einer 25 cm/10 cm großen Auflaufform (Dutch Oven). Mit Folie (Plastikfolie) abdecken und zweimal durchschneiden, damit der Dampf entweichen kann. Gießen Sie das Öl in eine separate Schüssel und erhitzen Sie es ohne Deckel 1

Minute lang bei voller Leistung. Speck, Zwiebel und Champignons zugeben. Offen 5 Minuten bei voller Hitze garen. Alle restlichen Zutaten mischen. Backen Sie das abgedeckte Hähnchen 9 Minuten lang und drehen Sie dabei die Pfanne zweimal. Aufdecken und mit Gemüsemischung bestreichen. Zudecken wie zuvor und volle 10 Minuten garen, dabei den Topf dreimal wenden. 5 Minuten stehen lassen. Vor dem Servieren mit Koriander bestreuen.

Huhn mit Äpfeln und Rosinen

Serviert 4

25 g/1 oz/2 EL Butter oder Margarine
900g/2lb Hähnchenschenkel
2 Zwiebeln, gehackt
3 Cox-Äpfel, geschält und in Scheiben geschnitten
30 ml/2 Esslöffel Rosinen
1 Knoblauchzehe, gehackt
30 ml/2 Esslöffel einfaches (Allzweck-)Mehl
250 ml/8 fl oz/1 Tasse Radler
2 Würfel Rinderbrühe
2,5 ml/½ Teelöffel getrockneter Thymian
Salz und frisch gemahlener schwarzer Pfeffer
30 ml/2 Esslöffel gehackte Petersilie

Butter oder Margarine in eine Auflaufform 25 cm/10 (Dutch Oven) geben. Unbedeckt schmelzen und 1–1½ Minuten auftauen lassen. Fügen Sie das Huhn hinzu. Mit Folie (Plastikfolie) abdecken und zweimal durchschneiden, damit der Dampf entweichen kann. 8 Minuten voll garen. Das Huhn aufdecken und wenden. Zugedeckt wie zuvor weitere 7 Minuten garen. Aufdecken und mit Zwiebeln, Äpfeln, Rosinen und Knoblauch bestreuen. Das Mehl mit einem Teil des Radlers glatt rühren und dann den restlichen Radler untermischen. Die Würfel in der Sauce zerkleinern, Thymian dazugeben und abschmecken. Über das Huhn gießen. Zugedeckt wie zuvor 8 Minuten garen, bis die Flüssigkeit Blasen wirft und leicht eindickt. 5 Minuten stehen lassen. Aufdecken und mit Petersilie bestreuen.

Huhn mit Birnen und Rosinen

Serviert 4

Wie Hähnchen mit Äpfeln und Rosinen zubereiten, aber die Äpfel durch Birnen und Apfelwein ersetzen.

Grapefruit-Huhn

Serviert 4

2 Stangen Sellerie
30 ml/2 Löffel Butter oder Margarine
1 große Zwiebel, fein gerieben
4 große Hähnchenteile, insgesamt 1 kg, ohne Haut
Einfaches (Allzweck-) Mehl
1 große rosa Grapefruit
150 ml/¼ pt/2/3 Tasse Weiß- oder Roséwein
30 ml/2 Löffel Tomatenpüree (Paste)
1,5 ml/¼ Teelöffel getrockneter Rosmarin
5 ml/1 TL Salz

Sellerie quer zur Faser in dünne Streifen schneiden. Butter oder Margarine in einen tiefen Teller mit einem Durchmesser von 25 cm/10 geben. Unbedeckt volle 30 Sekunden schmelzen. Zwiebel und Sellerie unterrühren. Vollkommen unbedeckt 6 Minuten garen. Das Hähnchen leicht mit Mehl bestäuben, dann um den Rand der Form legen. Mit Folie (Plastikfolie) abdecken und zweimal durchschneiden, damit der Dampf entweichen kann. Volle 10 Minuten garen, dabei den Topf dreimal wenden. In der Zwischenzeit die Grapefruit schälen und zwischen den Membranen in Stücke schneiden. Decken Sie das Huhn auf und verteilen Sie die Grapefruitstücke darüber. Den Wein mit Tomatenpüree, Rosmarin und Salz verquirlen und über das Hähnchen gießen. Wie zuvor abdecken und 10 Minuten lang garen. Vor dem Servieren 5 Minuten stehen lassen.

Ungarisches Huhn und gemischtes Gemüse

Serviert 4

25 g/1 oz/2 EL Butter oder Schmalz
2 große Zwiebeln, gehackt
1 kleine grüne (Paprika).
3 kleine Zucchini (Zucchini), in dünne Scheiben geschnitten
450 g Hähnchenbrust ohne Knochen, gewürfelt
15 ml/1 Teelöffel Paprika
45 ml/3 Esslöffel Tomatenpüree (Paste)
150 ml/¼ pt/2/3 Tasse saure (milchsaure) Sahne
5–7,5 ml/1–1½ TL Salz

Butter oder Schmalz in eine Auflaufform 25 cm/10 (Dutch Oven) geben. Unbedeckt im Auftaumodus 1-1½ Minuten erhitzen. Zwiebel unterrühren. Offen 3 Minuten bei voller Hitze garen. Mischen Sie grüne Paprika, Zucchini, Huhn, Paprika und Tomatenpüree. Mit Folie (Plastikfolie) abdecken und zweimal durchschneiden, damit der Dampf entweichen kann. Volle 5 Minuten kochen lassen, dabei die Pfanne dreimal wenden. Aufdecken. Sauerrahm und Salz nach und nach zugeben. Zugedeckt wie zuvor 8 Minuten garen. 5 Minuten stehen lassen, dann umrühren und servieren.

Hähnchen-Bourguignonne

Serviert 6

Ein Gourmet-Hauptgericht, eher traditionell mit Rindfleisch zubereitet, aber leichter mit Hühnchen.

25 g/1 oz/2 EL Butter oder Margarine

2 Zwiebeln, gehackt

1 Knoblauchzehe, zerdrückt

750 g Hähnchenbrust, gewürfelt

30 ml/2 EL Maismehl (Maisstärke)

5 ml/1 Teelöffel kontinentaler Senf

2,5 ml/½ TL getrocknete gemischte Kräuter

300 ml/½ Punkt/1¼ Tasse Burgunderwein

225 g Champignons in dünne Scheiben schneiden

5–7,5 ml/1–1½ TL Salz

45 ml/3 Esslöffel gehackte Petersilie

Butter oder Margarine in eine Auflaufform 25 cm/10 (Dutch Oven) geben. Unbedeckt schmelzen und 1½ Minuten auftauen lassen. Zwiebel und Knoblauch unterrühren. Mit einem Teller abdecken und 3 Minuten garen. Das Huhn aufdecken und einrühren. Mit Folie (Plastikfolie) abdecken und zweimal durchschneiden, damit der Dampf entweichen kann. 8 Minuten voll garen. Maismehl und Senf mit etwas Burgunder glatt rühren, dann den Rest unterrühren. Über das Huhn gießen. Mit Pilzen und Salz bestreuen. Wie zuvor zudecken und 8-9 Minuten auf hoher Stufe kochen, dabei den Topf viermal schwenken, bis die Sauce eindickt und zu sprudeln beginnt. 5 Minuten stehen lassen, dann umrühren und vor dem Servieren mit Petersilie bestreuen.

Hühnerfrikassee

Serviert 6

Eine Wiederbelebung des speziellen Hühnchen-Hauptgerichts der zwanziger und dreißiger Jahre, das immer mit gebuttertem weißem Reis und gegrillten (gerösteten) Speckröllchen gegessen wurde. Es erfordert eine große Mikrowelle.

1,5 kg Hähnchenteile, ohne Haut

1 Zwiebel, in 8 Kreise geschnitten

2 große Stangen Sellerie, in dünne Scheiben geschnitten

1 kleine Karotte, in dünne Scheiben geschnitten

2 dicke Zitronenscheiben

1 kleines Lorbeerblatt

2 ganze Nelken

Petersilie Zweige

10 ml/2 TL Salz

300 ml/½ Punkt/1¼ Tasse heißes Wasser

150 ml/¼ pt/2/3 Tasse einfache (leichte) Sahne

40 g/1½ oz/3 EL Butter oder Margarine

40 g/1½ oz/1½ EL einfaches (Allzweck-)Mehl

Saft von 1 kleinen Zitrone

Salz und frisch gemahlener schwarzer Pfeffer

Legen Sie das Hähnchen in eine 12-Zoll/12-Zoll-Auflaufform (Dutch Oven). Zwiebel, Sellerie und Karotte mit den Zitronenscheiben, dem Lorbeerblatt, den Nelken und 1 Zweig Petersilie in eine Schüssel geben. Mit Salz bestreuen und Wasser hinzufügen. Mit Folie (Plastikfolie) abdecken und zweimal durchschneiden, damit der Dampf entweichen kann. 24 Minuten bei voller Leistung garen, dabei den Topf dreimal umdrehen. Ziehen Sie das Huhn heraus. Wir lösen das Fleisch von den Knochen und schneiden es in mundgerechte Stücke. Die Flüssigkeit aus der Schüssel abseihen und 300 ml/½ pt/1¼ Tassen zurückbehalten. Sahne einrühren. Die Butter in eine große flache Schüssel geben. Unbedeckt volle 1½ Minuten schmelzen. Mehl untermischen, dann nach und nach die warme Brühe und Sahne unterrühren. Ohne Deckel 5-6 Minuten auf hoher Stufe kochen, dabei jede Minute umrühren, bis es eingedickt ist und Blasen wirft. Zitronensaft zugeben, das Hähnchen unterrühren und abschmecken. Zudecken wie zuvor und volle 5 Minuten erhitzen, dabei die Pfanne zweimal wenden. 4 Minuten stehen lassen, dann mit Petersilie garnieren und servieren.

Hühnerfrikassee mit Wein

Serviert 6

Als Hühnerfrikassee zubereiten, aber nur 150 ml/¼ Pt/2/3 Tasse zurückbehaltene Brühe verwenden und 150 ml/¼ Pt/2/3 Tasse trockenen Weißwein hinzufügen.

chicken Supreme

Serviert 6

Zubereiten wie Hühnerfrikassee. Nach 5 Minuten Erhitzen am Ende und Stehenlassen 2 Eigelb mit zusätzlichen 15 ml/1 EL Sahne verquirlen. Die Hitze der Mischung wird das Eigelb kochen.

Coq Au Vin

Serviert 6

50 g Butter oder Margarine
1,5 kg Hähnchenteile, ohne Haut
1 große Zwiebel fein gehackt
1 Knoblauchzehe, zerdrückt
30 ml/2 Esslöffel einfaches (Allzweck-)Mehl
300 ml/½ pt/1¼ Tasse trockener Rotwein
1 Würfel Rinderbrühe
5 ml/1 TL Salz
12 Schalotten oder eingelegte Zwiebeln
60 ml/4 Esslöffel gehackte Petersilie
1,5 ml/¼ Teelöffel getrockneter Thymian
Salzkartoffeln und Rosenkohl zum Servieren

Gib die Butter oder Margarine in eine 30 cm (12 Zoll) große Auflaufform (Dutch Oven). Unbedeckt eine volle Minute lang erhitzen. Fügen Sie die Hühnchenstücke hinzu und drehen Sie sie einmal, sodass alle Stücke mit der Butter überzogen sind, aber in einer einzigen Schicht bleiben. Mit Folie (Plastikfolie) abdecken und zweimal durchschneiden, damit der Dampf entweichen kann. 15 Minuten bei voller Leistung garen, dabei den Topf dreimal umdrehen. Decken Sie das Huhn auf und bestreuen Sie es mit Zwiebeln und Knoblauch. Das Mehl nach und nach mit dem Wein mischen, bis es glatt ist, dabei nach Bedarf schlagen, um Klumpen zu entfernen. Brühe in Würfel schneiden und salzen. Gießen Sie die Weinmischung über das Huhn. Mit Schalotten oder Zwiebeln umgeben und mit Petersilie und Thymian bestreuen. Zudecken wie zuvor und die vollen 20 Minuten garen, dabei den Topf dreimal wenden. 6 Minuten stehen lassen. Mit Salzkartoffeln und Rosenkohl essen.

Coq au Vin mit Pilzen

Serviert 6

Wie Coq au Vin zubereiten, aber 125 g Champignons durch Schalotten oder eingelegte Zwiebeln ersetzen.

Coq au Cola

Serviert 6

Als Coq au Vin zubereiten, aber den Wein durch Cola ersetzen, um das Gericht kinderfreundlicher zu machen.

Schlägel mit Devilled-Beschichtung

Serviert 4

15 ml/1 Esslöffel englisches Senfpulver
10 ml/2 TL scharfes Curry
10 ml/2 TL Paprika
1,5 ml/¼ TL scharfer Cayennepfeffer
2,5 ml/½ Teelöffel Salz
1 kg Hähnchenkeulen (ca. 12 Stück)
45 ml/3 Esslöffel Knoblauchbutter

Senf, Curry, Paprika, Cayennepfeffer und Salz mischen. Zum Beschichten aller Seiten von Essstäbchen. In eine tiefe Schüssel mit 25 cm Durchmesser legen, wie die Speichen eines Rades, mit den Knochenenden zur Mitte. Butter ohne Deckel 1 Minute schmelzen. Die Essstäbchen mit geschmolzener Butter bestreichen. Mit Folie

(Plastikfolie) abdecken und zweimal durchschneiden, damit der Dampf entweichen kann. Volle 16 Minuten garen, dabei den Topf zweimal wenden.

Hähnchen-Cacciatore

Serviert 6

Ein italienisches Gericht, das übersetzt "Wildhuhn" bedeutet.

1,5 kg Hähnchenteile

15 ml/1 Esslöffel Olivenöl

1 große Zwiebel fein gehackt

1 Knoblauchzehe, zerdrückt

30 ml/2 Esslöffel einfaches (Allzweck-)Mehl

5 Tomaten, blanchiert, geschält und gehackt

150 ml/¼ Pt/2/3 Tasse heiße Brühe

45 ml/3 Esslöffel Tomatenpüree (Paste)

15 ml/1 Esslöffel braune Tafelsauce

125 g Champignons in Scheiben geschnitten

10 ml/2 TL Salz

10 ml/2 TL dunkelbrauner Zucker

45 ml/3 EL Marsala oder halbtrockener Sherry

Cremige Kartoffeln und gemischter Salat zum Servieren

Legen Sie das Hähnchen in eine 12-Zoll/12-Zoll-Auflaufform (Dutch Oven). Mit Folie (Plastikfolie) abdecken und zweimal durchschneiden, damit der Dampf entweichen kann. Volle 15 Minuten garen, dabei den Topf zweimal wenden. In der Zwischenzeit die Soße wie gewohnt zubereiten. Gießen Sie das Öl in einen Topf und fügen Sie die Zwiebel und den Knoblauch hinzu. Vorsichtig braten (köcheln lassen), bis sie leicht golden sind. Das Mehl einrühren, dann die Tomaten, die Brühe, den Druck und die braune Sauce hinzufügen. Unter ständigem Rühren kochen, bis die Sauce kocht und eindickt. Alle restlichen Zutaten mischen und über das Hähnchen gießen. Zudecken wie zuvor und die vollen 20 Minuten garen, dabei den Topf dreimal wenden. 5 Minuten stehen lassen. Serviert mit cremigen Kartoffeln und gemischtem Salat.

Huhn nach Jägerart

Serviert 6

Wie Chicken Cacciatore zubereiten, aber Marsala oder Sherry durch trockenen Weißwein ersetzen.

Hähnchen-Marengo

Serviert 6

Um 1800 von Napoleon Bonapartes Leibkoch auf den Schlachtfeldern nach der österreichischen Niederlage in der Schlacht von Marengo bei Verona in Norditalien erfunden.

Als Chicken Cacciatore zubereiten, aber nur 50 g Champignons verwenden und Marsala oder Sherry durch trockenen Weißwein ersetzen. Nachdem Sie alle restlichen Zutaten vermischt haben, fügen Sie 12-16 kleine entkernte schwarze Oliven und 60 ml/4 EL gehackte Petersilie hinzu.

Sesame Chicken

Serviert 4

50 g/2 oz/¼ Tasse Butter oder Margarine, weich
15 ml/1 Esslöffel feiner Senf
5 ml/1 TL Knoblauchpüree (Paste)
5 ml/1 TL Tomatenpüree (Paste)
90 ml/6 Löffel Sesam, leicht geröstet
4 Hühnchenportionen, je 225 g/8 oz, ohne Haut

Butter oder Margarine mit Senf und Knoblauch und Tomatenpüree schaumig schlagen. Sesam unterrühren. Die Mischung gleichmäßig auf dem Hähnchen verteilen. In eine 25 cm/10 tiefe Schüssel geben und in der Mitte eine Vertiefung lassen. 16 Minuten bei voller Leistung garen, dabei den Topf viermal wenden. Vor dem Servieren 5 Minuten stehen lassen.

Hauptmann des Landes

Serviert 6

Ein delikates ostindisches Hühnercurry, das von einem weitgereisten Seekapitän in die Südstaaten Nordamerikas gebracht wurde. Es ist in den USA zu einer Art orientalischem Standby geworden.

50 g Butter oder Margarine
2 Zwiebeln, gehackt
1 Stange Sellerie, gehackt
1,5 kg Hähnchenteile, ohne Haut
15 ml/1 Esslöffel einfaches (Allzweck-)Mehl
15 ml/1 Esslöffel mildes Curry

60 ml/4 EL Mandeln, blanchiert, geschält, halbiert und leicht geröstet
1 kleine grüne Paprika, entkernt und fein gehackt
45 ml/3 Esslöffel Sultaninen (goldene Rosinen)
10 ml/2 TL Salz
400 g/14 Unzen/1 große Dose gewürfelte Tomaten
5 ml/1 TL Zucker
275 g Langkornreis, gekocht

Gib die Butter oder Margarine in eine 30 cm (12 Zoll) große Auflaufform (Dutch Oven). Unbedeckt volle 1½ Minuten erhitzen. Zwiebel und Sellerie zugeben und gut vermischen. Offen 3 Minuten bei voller Hitze garen und zweimal umrühren. Fügen Sie die Hühnchenstücke hinzu und werfen Sie sie in die Butter-Gemüse-Mischung, bis sie gut bedeckt sind. Mehl, Curry, Mandeln, Pfeffer und Sultaninen darüberstreuen. Mit Folie (Plastikfolie) abdecken und zweimal durchschneiden, damit der Dampf entweichen kann. 8 Minuten voll garen. Salz mit Tomaten und Zucker mischen. Das Huhn aufdecken und die Tomaten mit einem Löffel unterheben. Zudecken wie zuvor und die vollen 21 Minuten garen, dabei den Topf zweimal wenden. Vor dem Servieren mit Reis 5 Minuten stehen lassen.

Hühnchen in Tomaten-Kapern-Sauce

Serviert 6

6 Hähnchenteile, je 225 g/8 oz, ohne Haut
Einfaches (Allzweck-) Mehl
50 g Butter oder Margarine
3 Ausstecher (Scheiben) gehackter Speck
2 große Zwiebeln, gehackt
2 Knoblauchzehen, zerdrückt
15 ml/1 Esslöffel Kapern, gehackt
400 g/14 Unzen/1 große Dose gewürfelte Tomaten
15 ml/1 Esslöffel dunkler weicher brauner Zucker
5 ml/1 Teelöffel getrocknete gemischte Kräuter
15 ml/1 Esslöffel Tomatenmark (Paste)

15 ml/1 Esslöffel gehackte Basilikumblätter
15 ml/1 Esslöffel gehackte Petersilie

Die Hähnchenschenkel mit Mehl bestäuben. Gib die Butter oder Margarine in eine 30 cm (12 Zoll) große Auflaufform (Dutch Oven). Unbedeckt volle 2 Minuten erhitzen. Speck, Zwiebel, Nelken und Kapern unterrühren. 4 Minuten ohne Deckel garen und zweimal umrühren. Fügen Sie das Huhn hinzu und schwenken Sie es, bis es gut mit der Butter- oder Margarinemischung bedeckt ist. Mit Folie (Plastikfolie) abdecken und zweimal durchschneiden, damit der Dampf entweichen kann. Bei voller Leistung 12 Minuten garen, dabei den Topf dreimal umdrehen. Entdecken und fügen Sie die restlichen Zutaten hinzu und mischen Sie gut. Zugedeckt wie zuvor 18 Minuten garen. Vor dem Servieren 6 Minuten stehen lassen.

Hühnerpaprika

Serviert 4

Diese Hühnerfantasie, ausgesprochen Paprika, ist mit Gulasch oder Gulasch verwandt, einem der berühmtesten ungarischen Gerichte.

1,5 kg Hähnchenteile

1 große Zwiebel, gehackt

1 grüne Paprika, entkernt und gehackt

1 Knoblauchzehe, zerdrückt

30 ml/2 Esslöffel Maisöl oder geschmolzenes Schmalz

45 ml/3 Esslöffel einfaches (Allzweck-)Mehl

15 ml/1 Teelöffel Paprika

300 ml/½ Punkt/1¼ Tassen warme Hühnerbrühe

30 ml/2 Löffel Tomatenpüree (Paste)

5 ml/1 TL dunkelbrauner Zucker
2,5 ml/½ Teelöffel Kreuzkümmel
5 ml/1 TL Salz
150 ml/5 fl oz/2/3 Tasse Crème fraîche
Kleine Nudelformen, gekocht

Legen Sie die Hähnchenstücke in eine 30 cm (12 Zoll) große Auflaufform (Dutch Oven). Mit Folie (Plastikfolie) abdecken und zweimal durchschneiden, damit der Dampf entweichen kann. Volle 15 Minuten garen, dabei den Topf zweimal wenden. In der Zwischenzeit die Soße wie gewohnt zubereiten. Zwiebel, Paprika, Knoblauch und Öl in einen Topf (Pfanne) geben und sanft anschwitzen (köcheln lassen), bis das Gemüse weich, aber nicht braun wird. Mehl und Paprikapulver untermischen, dann nach und nach die Brühe unterrühren. Unter ständigem Rühren zum Kochen bringen. Restliche Zutaten außer Crème fraîche und Nudeln unterrühren. Decken Sie das Hühnchen ab und bestreichen Sie es mit der Sauce, indem Sie den bereits in der Schüssel befindlichen Saft hinzufügen. Mit einem Löffel Crème fraîche garnieren. Zudecken wie zuvor und die vollen 20 Minuten garen, dabei den Topf dreimal wenden. Mit kleinen Nudeln servieren.

Schattierungen des Huhns des Ostens

6-8 Portionen

Indische und indonesische Einflüsse und Aromen vereinen sich in diesem außergewöhnlich spektakulären Hähnchenrezept.

15 ml/1 Esslöffel Erdnussöl (Erdnussöl).

3 mittelgroße Zwiebeln, gehackt

2 Knoblauchzehen, zerdrückt

900 g Hähnchenbrust ohne Knochen, gehäutet und in dünne Streifen geschnitten

15 ml/1 Esslöffel Maismehl (Maisstärke)

60 ml/4 Esslöffel knusprige Erdnussbutter

150 ml/¼ pt/2/3 Tassen Wasser

7,5 ml/1 ½ TL Salz

10 ml/2 TL feine Currypaste

2,5 ml/½ TL gemahlener Koriander (Koriander)

2,5 ml/½ TL gemahlener Ingwer

Samen von 5 Kardamomkapseln

60 ml/4 EL gesalzene Erdnüsse, grob gehackt

2 Tomaten, in Monde geschnitten

Das Öl in einem 25 cm/10 Topf (Dutch Oven) ohne Deckel bei voller Hitze 1 Minute erhitzen. Zwiebel und Knoblauch dazugeben und offen 3 Minuten bei voller Hitze kochen, dabei zweimal umrühren. Rühren Sie das Hühnchen ein und kochen Sie es unbedeckt 3 Minuten lang auf hoher Stufe, wobei Sie jede Minute mit einer Gabel umrühren, um es zu trennen. Maismehl bestreuen. Alle restlichen Zutaten außer Erdnüssen und Tomaten hinzugeben. Mit Folie (Plastikfolie) abdecken und zweimal durchschneiden, damit der Dampf entweichen kann. 19 Minuten bei voller Leistung garen, dabei die Schüssel viermal wenden. 5 Minuten stehen lassen. Vor dem Servieren umrühren und mit Erdnüssen und Tomatenscheiben garnieren.

Nasi Goreng

Serviert 6

Eine niederländisch-indonesische Spezialität.
175 g/6 oz/¾ Tasse leicht gekochter Langkornreis
50 g Butter oder Margarine
2 Zwiebeln, gehackt
2 Porree, nur der weiße Teil, sehr dünn geschnitten
1 grüne Chili, entkernt und gehackt (optional)
350 g/12 oz/3 Tassen kalt gekochtes Hähnchen, grob gehackt
30 ml/2 Löffel Sojasauce
1 klassisches Omelette in Streifen geschnitten
1 große Tomate, in Spalten geschnitten

Den Reis gemäß den Anweisungen auf der Verpackung kochen. Abkühlen lassen. Butter oder Margarine in eine Auflaufform 25 cm/10 (Dutch Oven) geben. Unbedeckt eine volle Minute lang erhitzen. Zwiebel, Lauch und Chili, falls verwendet, unterrühren. Offen 4 Minuten bei voller Hitze garen. Rühren Sie den Reis, das Huhn und die Sojasauce ein. Mit einem Teller abdecken und 6-7 Minuten bei voller Hitze garen, dabei dreimal umrühren, bis es durchgewärmt ist. Mit einem Kreuzmuster aus Omelettstreifen und Tomatenringen dekorieren.

Truthahnbraten

AUFSCHLAG 6

1 Truthahn, Größe nach Bedarf (350 g Rohgewicht pro Person einplanen)
Das ist genug

Decken Sie die Enden der Flügel und die Enden der Beine mit Folie ab. Legen Sie den Truthahn mit der Brustseite nach unten in eine Schüssel, die groß genug ist, um bequem hineinzupassen. Machen Sie sich keine Sorgen, wenn der Körper über die Kante geht. Mit Folie (Plastikfolie) abdecken und 4 Mal durchstechen. Pro 450 g/1 lb 4

Minuten lang vollständig garen. Aus dem Ofen nehmen und den Vogel vorsichtig wenden, sodass die Brust ganz oben ist. Beschichten Sie es dick mit Bast, während wenn der Vogel regelmäßig ist, verwenden Sie fettig und wenn der Truthahn selbst brät, nicht fettig. Zudecken wie zuvor und weitere 4 Minuten bei 450 g/1 lb vollständig garen. In eine Schneideschüssel geben und mit Alufolie abdecken. 15 Minuten stehen lassen und dann schneiden.

Spanische Türkei

Serviert 4

30 ml/2 Esslöffel Olivenöl
4 Truthahnbrüste ohne Knochen, je 175 g/6 oz
1 Zwiebel, gehackt
12 gefüllte Oliven, gehackt
2 hart gekochte Eier (Seite 98–9), geschält und gehackt
30 ml/2 Löffel gehackte Gurken (Cornichons)

2 Tomaten, in dünne Scheiben geschnitten

Öl in einem tiefen 20 cm/8 Topf in einem offenen Topf bei voller Leistung 1 Minute erhitzen. Fügen Sie den Truthahn hinzu und bestreichen Sie ihn gut mit Öl, um beide Seiten gründlich zu bestreichen. Zwiebel, Oliven, Eier und Gurken mischen und gleichmäßig über den Truthahn geben. Mit Tomatenscheiben garnieren. Mit Folie (Plastikfolie) abdecken und zweimal durchschneiden, damit der Dampf entweichen kann. 15 Minuten bei voller Leistung garen, dabei den Topf fünfmal umdrehen. Vor dem Servieren 5 Minuten stehen lassen.

Truthahn-Tacos

Serviert 4

Für die Tacos:
450 g Putenhackfleisch
1 kleine Zwiebel, gehackt
2 Knoblauchzehen, zerdrückt

5 ml/1 TL Kümmel, nach Bedarf gemahlen

2,5–5 ml/½–1 Teelöffel Chilipulver

30 ml/2 Esslöffel gehackte Korianderblätter.

5 ml/1 TL Salz

60 ml/4 Esslöffel Wasser

4 große gekaufte Tortillas

Zerkleinerter Salat

Um die Avocado zu dekorieren:

1 große reife Avocado

15–20 ml/3–4 TL im Laden gekaufte scharfe Salsa

Saft von 1 Limette

Salz

60 ml/4 Esslöffel saure (milchsaure) Sahne

Um Tacos zuzubereiten, den Boden einer 20 cm/8 cm großen Schüssel mit Truthahn bedecken. Mit einem Teller abdecken und 6 Minuten garen. Zerbrechen Sie die Fleischkörner mit einer Gabel. Alle restlichen Zutaten bis auf die Tortilla und den Salat untermischen. Mit Folie (Plastikfolie) abdecken und zweimal durchschneiden, damit der Dampf entweichen kann. 8 Minuten bei voller Leistung garen, dabei den Topf viermal wenden. 4 Minuten einwirken lassen. Gründlich mischen. Eine gleiche Menge Truthahnmischung auf die Tortillas häufen, etwas Salat dazugeben und aufrollen. In eine Schüssel umfüllen und warm halten.

Für das Avocado-Dressing die Avocado halbieren, das Fruchtfleisch herauskratzen und fein pürieren. Salsa, Limettensaft und Salz einrühren. Die Tacos auf vier vorgewärmte Teller verteilen, die Avocado-Mischung und je 15 ml/1 Teelöffel Sauerrahm darauf anrichten. Jetzt essen.

Pfannkuchen-Tacos

Serviert 4

Bereiten Sie die Zubereitung wie bei Truthahn-Tacos vor, ersetzen Sie die gekauften Tortillas jedoch durch vier große hausgemachte Pfannkuchen.

Truthahnbrot

Serviert 4

450 g roher gemahlener Truthahn

1 Knoblauchzehe, zerdrückt
30 ml/2 Esslöffel einfaches (Allzweck-)Mehl
2 große Eier, geschlagen
10 ml/2 TL Salz
10 ml/2 Teelöffel getrockneter Thymian
5 ml/1 TL Worcestersauce
20 ml/4 TL gemahlene Muskatnuss
Ungeschälte Kartoffeln
Gekochter Blumenkohl
Käsesoße

Truthahn, Knoblauch, Mehl, Eier, Salz, Thymian, Worcestersauce und Muskat mischen. Mit angefeuchteten Händen einen Laib mit einem Durchmesser von 15 cm formen. In eine tiefe Schüssel geben, mit Folie (Plastikfolie) abdecken und zweimal schneiden, damit der Dampf entweichen kann. 9 Minuten voll garen. 5 Minuten stehen lassen. In vier Portionen schneiden und mit Kartoffeln in der Schale und Blumenkohl servieren, die mit Käsesauce überzogen und traditionell unter dem Grill (Masthähnchen) geröstet werden.

Anglo-Madras Truthahn-Curry

Serviert 4

Ein nützliches Rezept zur Verwertung von übrig gebliebenem Weihnachtstruthahn.

30 ml/2 Esslöffel Mais- oder Sonnenblumenöl
1 große Zwiebel, sehr dünn geschnitten
1 Knoblauchzehe, zerdrückt
30 ml/2 Esslöffel Rosinen
30 ml/2 Teelöffel getrocknete (geriebene) Kokosnuss
25 ml/1½ TL einfaches (Allzweck-)Mehl
20 ml/4 TL scharfes Curry
300 ml/½ pt/1¼ Tassen kochendes Wasser
30 ml/2 Esslöffel einfache (leichte) Sahne
2,5 ml/½ Teelöffel Salz
Saft von ½ Zitrone
350 g/12 oz/3 Tassen kalt gekochter Truthahn, gewürfelt
Indisches Brot, gemischter Salat und Chutney zum Servieren

Das Öl mit der Zwiebel, dem Knoblauch, den Rosinen und der Kokosnuss in eine 1,5-l-Schüssel geben. Gut mischen. Offen 3 Minuten bei voller Hitze garen. Mehl, Curry, Wasser, Sahne, Salz, Zitronensaft und Truthahn mischen. Mit einem Teller abdecken und ganze 6–7 Minuten garen, dabei zweimal umrühren, bis das Curry eindickt und Blasen wirft. 3 Minuten stehen lassen. Mit indischem Brot, Salat und Chutney mischen und servieren.

Frucht-Truthahn-Curry

Serviert 4

30 ml/2 Löffel Butter oder Margarine

10 ml/2 TL Olivenöl

2 Zwiebeln, gehackt

15 ml/1 Esslöffel mildes Curry

30 ml/2 Esslöffel einfaches (Allzweck-)Mehl

150 ml/¼ pt/2/3 Tasse einfache (leichte) Sahne

90 ml/6 Esslöffel Naturjoghurt nach griechischer Art

1 Knoblauchzehe, zerdrückt

30 ml/2 Löffel Tomatenpüree (Paste)

5 ml/1 TL Garam Masala

5 ml/1 TL Salz

Saft von 1 kleinen Limette

4 Tafeläpfel, geschält, entkernt, geviertelt und in dünne Scheiben geschnitten

30 ml/2 Esslöffel beliebiges Fruchtchutney

450 g/1 lb/4 Tassen kalt gekochter Truthahn, gewürfelt

Butter oder Margarine und Öl in eine Auflaufform 25 cm/10 (Dutch Oven) geben. Unbedeckt volle 1½ Minuten erhitzen. Zwiebel unterrühren. Offen 3 Minuten bei voller Hitze garen und zweimal umrühren. Curry, Mehl, Sahne und Joghurt unterrühren. Offen 2 Minuten bei voller Hitze garen. Alle restlichen Zutaten hinzufügen. Mit einem Teller abdecken und 12-14 Minuten bei voller Hitze garen, dabei alle 5 Minuten umrühren, bis es durchgewärmt ist.

Truthahnkuchen mit Brot und Butter

Serviert 4

75 g Butter oder Margarine
60 ml/4 Löffel geriebener Parmesankäse
2,5 ml/½ Teelöffel getrockneter Thymian
1,5 ml/¼ Teelöffel getrockneter Salbei
5 ml/1 TL geriebene Zitronenschale
4 große Scheiben Weiß- oder Schwarzbrot
1 Zwiebel, gehackt
50 g Champignons in Scheiben geschnitten
45 ml/3 Esslöffel einfaches (Allzweck-)Mehl
300 ml/½ Punkt/1¼ Tassen warme Hühnerbrühe
15 ml/1 Esslöffel Zitronensaft
45 ml/3 Esslöffel einfache (leichte) Sahne
225 g/8 oz/2 Tassen kalt gekochte Hühnchenwürfel
Salz und frisch gemahlener schwarzer Pfeffer

Die Hälfte der Butter oder Margarine mit Käse, Thymian, Salbei und Zitronenschale cremig aufschlagen. Auf dem Brot verteilen und dann jede Scheibe in vier Dreiecke schneiden. Die restliche Butter oder Margarine in eine tiefe Schüssel mit einem Durchmesser von 20 cm/8 geben. Unbedeckt volle 1½ Minuten erhitzen. Zwiebeln und Champignons zugeben. Offen 3 Minuten bei voller Hitze garen und zweimal umrühren. Mehl untermischen, dann Brühe, Zitronensaft und Sahne nach und nach unterrühren. Hühnchen unterrühren und nach Geschmack würzen. Mit einem Teller abdecken und volle 8 Minuten unter dreimaligem Rühren erhitzen, bis es durchgeheizt ist. Aus der Mikrowelle nehmen. Die gebutterten Dreiecke darauf legen und auf einem heißen Grill (Broiler) braten.

Truthahn-Reis-Aufläufe mit Füllung

Für 4–5 Personen

225 g/8 oz/1 Tasse leicht gekochter Langkornreis
300 ml/10 fl oz/1 Dose Kondensierte Pilzcremesuppe
300 ml/½ pt/1¼ Tassen kochendes Wasser
225 g/8 oz/2 Tassen Mais (Mais)
50 g/2 oz/½ Tasse gehackte ungesalzene Walnüsse
175 g/6 oz/1½ Tassen gekochter Truthahn, gewürfelt
50 g kalte Füllung, Würfel
Krautsalat, zum Servieren

Alle Zutaten außer der Füllung in eine 1,75-Liter-Schüssel geben. Gründlich mischen. Mit Folie (Plastikfolie) abdecken und zweimal durchschneiden, damit der Dampf entweichen kann. 25 Minuten voll garen. Aufdecken und mit einer Gabel schwenken, um den Reis aufzulockern. Die kalte Füllung darauf geben. Mit einem Teller abdecken und 2 Minuten vollständig garen. 4 Minuten einwirken lassen. Wieder auflockern und den Krautsalat essen.

Putenbrust mit Orangenglasur

Für 4–6 Portionen

Für kleine Familien, die ein festliches Essen mit minimalen Resten wünschen.

40 g/1½ oz/3 EL Butter
15 ml/1 Esslöffel Tomatenketchup
10 ml/2 TL schwarze Melasse (Melasse)
5 ml/1 Teelöffel Paprika
5 ml/1 TL Worcestersauce
Fein geriebene Rinde von 1 Satsuma oder Clementine
Eine Prise gemahlene Nelken
1,5 ml/¼ Teelöffel gemahlener Zimt
1 ganze Putenbrust, etwa 1 kg

Alle Zutaten außer dem Truthahn in einer Schüssel gründlich mischen. Ohne Deckel 1 Minute zum Auftauen erhitzen. Die Putenbrust in eine 25 cm/10 (Dutch Oven) Form legen und mit der Hälfte der Marinade bestreichen. Mit Folie (Plastikfolie) abdecken und zweimal durchschneiden, damit der Dampf entweichen kann. 10 Minuten voll garen. Die Putenbrust wenden und mit den restlichen Gewürzen einreiben. Zugedeckt wie zuvor weitere 10 Minuten bei voller Hitze garen, dabei den Topf dreimal wenden. 7-10 Minuten vor dem Schnitzen ruhen lassen.

Süß-saure Ente

Serviert 4

1 Ente, ca. 2,25 kg, gewaschen und getrocknet
45 ml/3 EL Mango-Chutney
Bohnensprossen
175 g brauner Reis, gekocht

Legen Sie die Ente mit der Unterseite nach unten auf einen umgedrehten Teeteller in eine 25 cm/10-Zoll (Dutch Oven) Auflaufform. Mit Folie (Plastikfolie) abdecken und zweimal durchschneiden, damit der Dampf entweichen kann. 20 Minuten voll garen. Fett und Saft aufdecken und vorsichtig abgießen. Die Ente wenden und die Brust mit Chutney einreiben. Zugedeckt wie zuvor weitere 20 Minuten garen. In vier Portionen schneiden und mit Sojasprossen und Reis servieren.

Ente Kanton

Serviert 4

45 ml/3 EL glatte Aprikosenmarmelade (Konfitüre)
30 ml/2 Esslöffel chinesischer Reiswein
10 ml/2 TL feiner Senf
5 ml/1 TL Zitronensaft
10 ml/2 TL Sojasauce
1 Ente, ca. 2,25 kg, gewaschen und getrocknet

Aprikosenmarmelade, Reiswein, Senf, Zitronensaft und Sojasauce in eine kleine Schüssel geben. 1-1½ Minuten bei voller Hitze erhitzen und zweimal umrühren. Legen Sie die Ente mit der Unterseite nach unten auf einen umgedrehten Teeteller in eine 25 cm/10-Zoll (Dutch Oven) Auflaufform. Mit Folie (Plastikfolie) abdecken und zweimal durchschneiden, damit der Dampf entweichen kann. 20 Minuten voll garen. Fett und Saft aufdecken und vorsichtig abgießen. Die Ente wenden und die Brüste mit Aprikosenpfeffer einreiben. Zugedeckt wie zuvor 20 Minuten garen. In vier Stücke schneiden und servieren.

Ente mit Orangensauce

Serviert 4

Ein Luxus der Spitzenklasse, einfach und in einem Bruchteil der üblichen Zeit in der Mikrowelle zubereitet. Als Partydekoration mit Brunnenkresse und frischen Orangenscheiben garnieren.

1 Ente, ca. 2,25 kg, gewaschen und getrocknet

Für die Soße:
Fein geriebene Schale von 1 großen Orange
Saft von 2 Orangen
30 ml/2 Esslöffel fein geriebene Zitronenmarmelade
15ml/1 EL Johannisbeergelee (klare Dose)
30 ml/2 Löffel Orangenlikör
5 ml/1 Teelöffel Sojasauce
10 ml/2 TL Maismehl (Maisstärke)

Legen Sie die Ente mit der Unterseite nach unten auf einen umgedrehten Teeteller in eine 25 cm/10-Zoll (Dutch Oven) Auflaufform. Mit Folie (Plastikfolie) abdecken und zweimal durchschneiden, damit der Dampf entweichen kann. 20 Minuten voll garen. Fett und Saft aufdecken und vorsichtig abgießen. Drehen Sie die Ente. Zugedeckt wie zuvor 20 Minuten garen. In Viertel schneiden, auf eine Servierplatte geben und heiß halten. Das Fett vom Kochsaft abschöpfen.

Für die Sauce alle Zutaten außer dem Maismehl in einen Messbecher geben. Den abgeschöpften Bratensaft hinzugeben. Mit heißem Wasser auf 300 ml/½ Pt/1¼ Tasse auffüllen. Das Maismehl mit ein paar Esslöffeln kaltem Wasser zu einer dünnen Paste verrühren. In den Krug geben und gründlich mischen. Ohne Deckel 4 Minuten bei voller Hitze kochen und dreimal umrühren. Über die Ente gießen und sofort servieren.

Ente im französischen Stil

Serviert 4

1 Ente, ca. 2,25 kg, gewaschen und getrocknet
12 entkernte Pflaumen
1 Stange Sellerie, fein gehackt
2 Knoblauchzehen, zerdrückt

Für die Soße:
300 ml/½ pt/1¼ Tassen trockener Apfelwein
5 ml/1 TL Salz
10 ml/2 TL Tomatenpüree (Paste)
30 ml/2 Esslöffel Crème fraîche
15 ml/1 Esslöffel Maismehl (Maisstärke)
Gekochte Tagliatelle zum Servieren

Legen Sie die Ente mit der Unterseite nach unten auf einen umgedrehten Teeteller in eine 25 cm/10-Zoll (Dutch Oven) Auflaufform. Pflaumen, Sellerie und Knoblauch um die Ente herum anrichten. Decken Sie den Behälter mit Folie (Plastikfolie) ab und schneiden Sie ihn zweimal durch, damit der Dampf entweichen kann. 20 Minuten voll garen. Aufdecken und vorsichtig abgießen, dabei Fett und Saft auffangen. Drehen Sie die Ente. Zugedeckt wie zuvor 20 Minuten garen. In Viertel schneiden, auf eine Servierplatte geben und heiß halten. Das Fett vom Kochsaft abschöpfen.

Für die Sauce den Apfelwein in einen Messbecher geben. Salz, Tomatenpüree, Crème fraîche, entrahmten Kochsaft und Maismehl unterrühren. Ohne Deckel 4-5 Minuten auf hoher Stufe kochen, bis es eingedickt und sprudelnd ist, dabei jede Minute umrühren. Über Ente und Pflaumen gießen und Tagliatelle hinzufügen.

Backen von knochenlosen und gerollten Fleischstücken

Legen Sie das Gelenk mit der Hautseite nach oben auf ein spezielles Mikrowellenstativ, das in einer großen Schüssel steht. Mit einem Stück Frischhaltefolie (Plastik) abdecken. Rechnen Sie mit folgenden Garzeiten für jeweils 450 g/1 lb:

- Schweinefleisch - 9 Minuten
- Schinken - 9 Minuten
- Lamm - 9 Minuten
- Rindfleisch - 6-8 Minuten

Drehen Sie die Pfanne alle 5 Minuten, um sie gleichmäßig zu garen, und schützen Sie dabei Ihre Hände mit Handschuhen. Nach der Hälfte der Backzeit 5-6 Minuten ruhen lassen. Am Ende der Garzeit den Braten auf ein Schneidebrett legen und mit doppelt dicker Alufolie abdecken. Vor dem Tranchieren je nach Größe 5-8 Minuten ruhen lassen.

Süß-saure Schweinekoteletts mit Orange und Limette

Serviert 4

4 Schweinekoteletts, je 175 g/6 oz nach dem Trimmen
60 ml/4 Esslöffel Tomatenketchup (Katsup)
15 ml/1 Esslöffel Teriyaki-Sauce
20 ml/4 Teelöffel Malzessig
5 ml/1 Teelöffel fein geriebene Limettenschale
Saft von 1 Orange
1 Knoblauchzehe, zerdrückt (optional)
350 g brauner Reis, gekocht

Die Koteletts in einem tiefen Teller mit einem Durchmesser von 25 cm/10 anrichten. Alle restlichen Zutaten außer dem Reis verquirlen und die Koteletts mit einem Löffel mischen. Mit Folie (Plastikfolie) abdecken und zweimal durchschneiden, damit der Dampf entweichen kann. 12 Minuten bei voller Leistung garen, dabei den Topf viermal wenden. Lassen Sie es 5 Minuten stehen, bevor Sie es mit braunem Reis servieren.

Hackbraten

Für 8-10 Personen

Bewährte und verifizierte vielseitige Familienterrine. Es wird ausgezeichnet heiß serviert, in Halbmonde geschnitten mit Soße oder portugiesischer Sauce oder rustikaler Tomatensauce und garniert mit cremigen Kartoffeln oder Makkaroni und verschiedenem Gemüse. Alternativ können Sie es kalt mit einer reichhaltigen Mayonnaise oder einem Salatdressing und einem Salat essen. Für Sandwiches dünn aufschneiden und als Füllung mit Salat, gehackten Frühlingszwiebeln und Tomaten verwenden oder als klassische französische Vorspeise mit Gurken (Cornichons) und Kornbrot servieren.

125 g/4¾ oz/3½ Scheiben helles Weißbrot
450 g mageres Rinderhackfleisch
450 g/1 lb/4 Tassen gemahlener (gemahlener) Truthahn
10 ml/2 TL Salz
3 Knoblauchzehen, zerdrückt
4 große Eier, geschlagen
10 ml/2 TL Worcestersauce
10 ml/2 TL dunkle Sojasauce
10 ml/2 TL Senf

Fetten Sie eine tiefe Form mit einem Durchmesser von 23 cm/9 leicht ein. Das Brot in einer Küchenmaschine zerbröseln. Fügen Sie alle restlichen Zutaten hinzu und pulsieren Sie, bis die Mischung zusammenkommt. (Vermeiden Sie zu starkes Mischen, das Brot wird schwer und dicht.) Verteilen Sie es auf der vorbereiteten Schüssel. Wir schieben einen Marmeladenbecher für Kinder oder einen Eierbecher mit gerader Seite in die Mitte, sodass die Fleischmasse einen Ring bildet. Mit Folie (Plastikfolie) abdecken und zweimal durchschneiden, damit der Dampf entweichen kann. 18 Minuten bei voller Leistung garen, dabei den Topf zweimal wenden. Der Laib wird von den Seiten der Schüssel weggezogen. Wenn es heiß serviert wird, 5 Minuten stehen lassen.

Truthahn- und Wurstfleisch

Für 8-10 Personen

Als Meat Loaf zubereiten, aber 450 g Rind- oder Schweinehack durch Hackfleisch ersetzen. Statt 20 Minuten 18 Minuten bei voller Leistung garen.

Schweinekoteletts mit Zip-Dressing

Serviert 4

4 Schweinekoteletts, je 175 g/6 oz nach dem Trimmen
30 ml/2 Löffel Butter oder Margarine
5 ml/1 Teelöffel Paprika
5 ml/1 Teelöffel Sojasauce
5 ml/1 TL Worcestersauce

Die Koteletts in einem tiefen Teller mit einem Durchmesser von 25 cm/10 anrichten. Butter oder Margarine im Auftaumodus 1½ Minuten schmelzen. Die restlichen Zutaten verquirlen und über die Koteletts gießen. Mit Folie (Plastikfolie) abdecken und zweimal durchschneiden, damit der Dampf entweichen kann. 9 Minuten bei voller Leistung garen, dabei das Gericht viermal wenden. 4 Minuten einwirken lassen.

Auflauf mit hawaiianischem Schweinefleisch und Ananas

Serviert 6

Delikatesse, Zartheit und ein delikater Geschmack zeichnen dieses Fleisch- und Fruchtrezept von der Tropeninsel Hawaii aus.

15 ml/1 Esslöffel Erdnussöl (Erdnussöl).
1 fein gehackte Zwiebel
2 Knoblauchzehen, zerdrückt
900 g Schweinefilet, gewürfelt
15 ml/1 Esslöffel Maismehl (Maisstärke)
400 g/14 oz/3½ Tassen zerkleinerte Ananas aus der Dose in natürlichem Saft
45 ml/3 Löffel Sojasauce
5 ml//1 TL gemahlener Ingwer
Frisch gemahlener schwarzer Pfeffer

Ölen Sie den Boden und die Seiten eines tiefen Tellers mit einem Durchmesser von 23 cm/9. Zwiebel und Knoblauch zugeben und 3

Minuten ohne Deckel dünsten. Schweinefleisch, Maismehl, Ananas und Saft, Sojasauce und Ingwer untermischen. Pfeffern. Ringförmig um den Innenrand der Schüssel legen, dabei in der Mitte eine kleine Vertiefung lassen. Mit Folie (Plastikfolie) abdecken und zweimal durchschneiden, damit der Dampf entweichen kann. 16 Minuten bei voller Leistung garen, dabei den Topf viermal wenden. 5 Minuten stehen lassen, dann vor dem Servieren umrühren.

Auflauf mit hawaiianischem Schinken und Ananas

Serviert 6

Zubereiten wie für den Auflauf mit hawaiianischem Schweinefleisch und Ananas, aber das Schweinefleisch durch ungeräucherte und zarte Schinkenwürfel ersetzen.

Festlicher Schinken

Serviert 10-12

Perfekt für ein Weihnachts- oder Neujahrsbuffet, Mikrowellen-Schinken ist feucht und saftig und lässt sich wunderbar tranchieren. Dies ist die maximale Größe für ein zufriedenstellendes Ergebnis.

Schinkenbraten, Höchstgewicht 2,5 kg/5½ lb
50 g/2 oz/1 Tasse geröstete Semmelbrösel
Ganze Nelken

Das Braten wird zunächst auf herkömmliche Weise gegart, um die Salzigkeit zu verringern. Schinken in einen großen Topf geben, mit kaltem Wasser bedecken, aufkochen und abtropfen lassen. Wiederholen. Wiegen Sie den abgetropften Braten und lassen Sie ihn 8 Minuten lang bei 450 g/1 lb vollständig garen. Legen Sie den Braten direkt auf ein Glastablett in die Mikrowelle oder legen Sie ihn in einen großen flachen Behälter. Wenn es ein schmales Ende gibt, wickeln Sie es in ein Stück Folie, um ein Überkochen zu verhindern. Den Schinken mit Küchenpapier abdecken und die Hälfte der Garzeit garen. 30 Minuten in der Mikrowelle stehen lassen. Eventuell verwendete Folie entfernen, Gelenk umdrehen und mit Küchenpapier abdecken. Fertig garen und weitere 30 Minuten stehen lassen. Auf einen Teller übertragen. Die Haut entfernen, das Fett in Rauten schneiden und dann mit Semmelbröseln bestreuen. Durchstechen Sie jeden Diamanten mit einer Nelke.

Glasierter Galaschinken

Serviert 10-12

Schinkenbraten, Höchstgewicht 2,5 kg/5½ lb
50 g/2 oz/1 Tasse geröstete Semmelbrösel
Ganze Nelken
60 ml/4 EL Demerara-Zucker
10 ml/2 TL Senfpulver
60 ml/4 Esslöffel Butter oder Margarine, geschmolzen
5 ml/1 TL Worcestersauce
30 ml/2 Esslöffel weißer Traubensaft
Cocktailkirschen

Bereiten Sie es wie festlicher Schinken vor, aber stecken Sie jeden freien Diamanten mit einer Nelke fest. Für die Glasur Zucker, Senf,

Butter oder Margarine, Worcestersauce und Traubensaft mischen. Den Schinken in eine Auflaufform legen und mit der Glasur bedecken. Den Braten wie gewohnt bei 190°C/375°F/Gas Stufe 5 25-30 Minuten garen, bis das Fett goldbraun ist. Durchstechen Sie die verbleibenden dicken Diamanten mit Cocktailkirschen, die auf Cocktailstäbchen (Zahnstocher) aufgespießt sind.

Paella mit spanischer Salami

Serviert 6

Wie Paella zubereiten, aber das Hähnchen durch grob gehackte Salami ersetzen.

Frikadellen nach schwedischer Art

Serviert 4

Bekannt als kottbullar, ist es eines der schwedischen Nationalgerichte, serviert mit Salzkartoffeln, Preiselbeersauce, Soße und einem gemischten Salat.

75 g/3 oz/1½ Tassen frische weiße Semmelbrösel
1 fein gehackte Zwiebel
225 g/8 oz/2 Tassen mageres, gemahlenes Schweinefleisch

225 g/8 oz/2 Tassen Rinderhackfleisch
1 großes Ei
2,5 ml/½ Teelöffel Salz
175 ml/6 fl oz/1 kleine Dose Kondensmilch
2,5 ml/½ TL gemahlener Piment
25 g/1 oz/2 EL Margarine

Alle Zutaten außer Margarine gründlich vermischen. 12 gleich große Kugeln formen. Erhitzen Sie die Auflaufform in der Mikrowelle gemäß den Anweisungen auf Seite 14 oder in der Bedienungsanleitung Ihres Kochgeschirrs oder Mikrowellenofens. Fügen Sie die Margarine hinzu und schwenken Sie die Schüssel mit durch Küchenhandschuhe geschützten Händen, bis der Boden vollständig bedeckt ist. An dieser Stelle wird es auch brutzeln. Die Fleischbällchen dazugeben und sofort rundherum braun werden lassen. Mit Folie (Plastikfolie) abdecken und zweimal durchschneiden, damit der Dampf entweichen kann. Volle 9½ Minuten garen, dabei den Topf viermal wenden. Vor dem Servieren 3 Minuten stehen lassen.

Schweinebraten mit Grieben

Überraschend knusprige Haut am Schweinefleisch dank langer Garzeit.

Wählen Sie ein Beinstück, das 175 g/6 oz pro Person zulässt. Die Haut mit einem Messer tief einschneiden und kräftig mit Salz und Pfeffer bestreuen. Legen Sie das Gelenk mit der Hautseite nach oben auf ein spezielles Mikrowellenstativ, das in einer großen Schüssel steht. Mit einem Stück Pergament abdecken. Öffnen Sie den Braten so und warten Sie 9 Minuten für jeweils 450 g/1 lb. Drehen Sie die Pfanne alle 5 Minuten, um sie gleichmäßig zu garen, und schützen Sie dabei Ihre Hände mit Handschuhen. Nach der Hälfte der Garzeit 6 Minuten ruhen lassen. Am Ende der Garzeit den Braten auf ein Schneidebrett legen und mit doppelt dicker Alufolie abdecken. Vor dem Schneiden 8 Minuten stehen lassen und mit Gemüse und Salbei-Zwiebel-Füllung servieren.

Schweinebraten mit Honig

Als Schweinebraten mit Kruste zubereiten, aber vor dem Bestreuen mit Salz und Pfeffer mit einer Basis aus 90 ml/6 EL dunklem, klarem Honig, gemischt mit 20 ml/1 TL Senf und 10 ml/2 TL Worcestershire-Sauce bestreichen.

Schweinekoteletts mit Rotkohl

Serviert 4

Eine Winterangelegenheit, wenn Gläser und Rotkohldosen zur Weihnachtszeit die Regale füllen. Mit Kartoffelpüree und Pastinakenpüree essen.

450 g gekochter Rotkohl
4 Tomaten, blanchiert, enthäutet und gehackt
10 ml/2 TL Salz
4 Schweinekoteletts, je 175 g/6 oz nach dem Trimmen
10 ml/2 TL Sojasauce
2,5 ml/½ Teelöffel Knoblauchsalz
2,5 ml/½ TL Paprika
15 ml/1 Esslöffel dunkler weicher brauner Zucker

Den Kohl auf dem Boden einer 20 cm/8 großen Auflaufform (Dutch Oven) anrichten. Tomaten und Salz mischen und die Koteletts darauf legen. Mit Sojasauce bedecken und mit den restlichen Zutaten bestreuen. Mit Folie (Plastikfolie) abdecken und zweimal durchschneiden, damit der Dampf entweichen kann. Volle 15 Minuten garen, dabei die Pfanne viermal wenden. Vor dem Servieren 4 Minuten stehen lassen.

Schweinefilet nach römischer Art

Serviert 4

15 ml/1 Esslöffel Olivenöl
1 kleine Zwiebel, gehackt
1 Knoblauchzehe, zerdrückt
4 Scheiben Schweinefilet, je 125 g/4 oz, sehr dünn geschlagen
60 ml/4 Esslöffel Tomatensaft
5 ml/1 TL getrockneter Oregano
125 g Mozzarella-Käse, in Scheiben geschnitten
30 ml/2 Löffel Kapern
Polenta

Gießen Sie das Öl in eine tiefe Schüssel mit einem Durchmesser von 25 cm/10. 1 Minute bei voller Leistung erhitzen. Zwiebel und Knoblauch unterrühren. 4 Minuten ohne Deckel garen und zweimal umrühren. Das Schweinefleisch in einer einzigen Schicht in die Schüssel geben. Offen 2 Minuten bei voller Hitze garen. Wenden und weitere 2 Minuten garen. Mit Tomatensaft und Oregano beträufeln, Mozzarellascheiben darauf anrichten und mit Kapern bestreuen. Mit Folie (Plastikfolie) abdecken und zweimal durchschneiden, damit der Dampf entweichen kann. 2-3 Minuten auf hoher Stufe kochen oder bis der Käse geschmolzen ist. Vor dem Servieren mit Polenta 1 Minute stehen lassen.

Schweinefilet und Gemüseauflauf

6-8 Portionen

15 ml/1 Esslöffel Sonnenblumen- oder Maisöl
1 Zwiebel, gerieben
2 Knoblauchzehen, zerdrückt
675 g/1½ lb Schweinefilet, in 1,5 cm/¾ Scheiben geschnitten
30 ml/2 Esslöffel einfaches (Allzweck-)Mehl
5 ml/1 Teelöffel getrockneter Majoran
5 ml/1 TL fein geriebene Orangenschale

200 g / 7 Unzen / 1¾ Tassen gefrorene gemischte Erbsen und Karotten aus der Dose oder aufgetaut

200 g/7 oz/1 ½ Tassen Mais (Mais)

300 ml/½ Punkt/1¼ Tasse Roséwein

150 ml/¼ pt/2/3 Tasse heißes Wasser

5 ml/1 TL Salz

Gießen Sie Öl in eine 2-Quart/3½-Quart/8½-Cup-Backform (Dutch Oven). Unbedeckt eine volle Minute lang erhitzen. Zwiebel und Knoblauch unterrühren. 4 Minuten ohne Deckel garen und zweimal umrühren. Fügen Sie das Schweinefleisch hinzu. Decken Sie die Schüssel mit einem Teller ab und garen Sie sie 4 Minuten lang bei voller Hitze. Mehl untermischen, darauf achten, dass die Fleischstücke gut bedeckt sind. Alle restlichen Zutaten außer Salz hinzugeben. Mit Folie (Plastikfolie) abdecken und zweimal durchschneiden, damit der Dampf entweichen kann. 17 Minuten bei voller Leistung garen, dabei den Topf viermal wenden. 5 Minuten stehen lassen, dann mit Salz würzen und servieren.

Chili-Schweinekoteletts

Serviert 4

4 Schweinekoteletts à 225 g, ohne Fett

10 ml/2 TL Chili oder Cajun-Pfeffer

5 ml/1 TL Knoblauchpulver

400 g/14 oz/1 große Dose rote Kidneybohnen, abgetropft

400 g/14 Unzen/1 große Dose gewürfelte Tomaten

30 ml/2 EL gehackter frischer Koriander (Koriander)

2,5 ml/½ Teelöffel Salz

Die Koteletts in einem tiefen Teller mit einem Durchmesser von 30 cm/12 anrichten. Mit Pfeffer und Knoblauchpulver bestreuen. Mit Folie (Plastikfolie) abdecken und zweimal durchschneiden, damit der Dampf entweichen kann. Volle 8 Minuten garen, dabei den Topf zweimal wenden. Aufdecken und mit Bohnen und Tomaten mit Saft bedecken. Mit Koriander und Salz bestreuen. Zudecken wie zuvor und volle 15 Minuten garen, dabei dreimal wenden. Vor dem Servieren 5 Minuten stehen lassen.

Schweinefleisch mit Chutney und Mandarinen

Serviert 4

4 Schweinekoteletts à 225 g, ohne Fett

350 g/12 oz/1 große Dose Mandarinenstücke in leichtem Sirup

5 ml/1 Teelöffel Paprika

20 ml/4 TL Sojasauce

45ml/3 EL Fruchtchutney, nach Bedarf gehackt
2 Knoblauchzehen, zerdrückt
Curryreis

Die Koteletts in einem tiefen Teller mit einem Durchmesser von 30 cm/12 anrichten. Die Mandarinen abtropfen lassen, 30 ml/2 EL des Sirups beiseite stellen und die Früchte in Koteletts teilen. Den beiseite gestellten Sirup mit den restlichen Zutaten außer dem Reis und einem Löffel für die Mandarinen verquirlen. Mit Folie (Plastikfolie) abdecken und zweimal durchschneiden, damit der Dampf entweichen kann. 20 Minuten bei voller Leistung garen, dabei den Topf viermal wenden. 5 Minuten stehen lassen und dann mit Reis servieren.

"Gegrillte" Rippchen

Serviert 4

1 kg Schweinerippchen oder Spareribs
50 g Butter oder Margarine
15 ml/1 Esslöffel Tomatenketchup

10 ml/2 TL Sojasauce
5 ml/1 Teelöffel Paprika
1 Knoblauchzehe, zerdrückt
5 ml/1 Teelöffel scharfe Chilisauce

Waschen und trocknen Sie das Schweinefleisch und teilen Sie es in einzelne Rippen. In der größten runden flachen Schale anrichten, die bequem in die Mikrowelle passt, mit dem schmalen Teil jeder Rippe zur Mitte. Mit Folie (Plastikfolie) abdecken und zweimal durchschneiden, damit der Dampf entweichen kann. Volle 10 Minuten garen, dabei den Topf dreimal wenden. Für den Barsch die restlichen Zutaten in einer Schüssel mischen und ohne Deckel 2 Minuten zum Auftauen erhitzen. Decken Sie die Rippchen ab und gießen Sie das Fett vorsichtig ab. Mit etwa der Hälfte der Buttermilch bestreichen. Offen 3 Minuten bei voller Hitze garen. Mit einer Zange wenden und mit restlichem Pfeffer einreiben. Offen 2 Minuten bei voller Hitze garen. Vor dem Servieren 3 Minuten stehen lassen.

Chicorée eingewickelt in Schinken in Käsesauce

Serviert 4

In Belgien, dem Herkunftsland, heißt es chicorées au jambon. Silberweißes Gemüse, eingewickelt in Schinken und bedeckt mit einer einfachen Käsesoße, ist ein gastronomisches Meisterwerk.

8 Chicorée-Köpfe (Belgischer Chicorée), insgesamt etwa 1 kg
150 ml/¼ pt/2/3 Tasse kochendes Wasser
15 ml/1 Esslöffel Zitronensaft
8 große Scheiben Kochschinken
600 ml/1 Pt/2½ Tassen Milch
50 g Butter oder Margarine
45 ml/3 Esslöffel einfaches (Allzweck-)Mehl
175 g geriebener Eidam-Käse
Salz und frisch gemahlener Pfeffer
Chips (Pommes frites) zum Servieren

Schneiden Sie den Chicorée ab, entfernen Sie alle gequetschten oder beschädigten äußeren Blätter und schneiden Sie ein kegelförmiges Stück von der Unterseite jedes Blattes ab, um einen bitteren Geschmack zu vermeiden. Die Köpfe wie die Speichen eines Rades in einer 30 cm/12 tiefen Schale anordnen. Mit Wasser und Zitronensaft bedecken. Mit Folie (Plastikfolie) abdecken und zweimal durchschneiden, damit der Dampf entweichen kann. Volle 14 Minuten garen, dabei den Topf zweimal wenden. 5 Minuten stehen lassen, dann gründlich abtropfen lassen. Waschen und trocknen Sie das Geschirr. Wenn der Chicorée lauwarm ist, jeweils eine Scheibe Schinken umwickeln und zurück in die Schüssel geben. Geben Sie die Milch in einen Krug und erhitzen Sie sie offen 3 Minuten lang bei voller Hitze. Geben Sie die Butter oder Margarine in eine 1,2-Liter-Schüssel und schmelzen Sie sie 1 Minute lang. Mehl einrühren, dann nach und nach die heiße Milch einrühren. Ohne Deckel 5-6 Minuten bei voller Hitze garen, dabei jede Minute umrühren, bis alles glatt ist, bis die Sauce sprudelt und eingedickt ist. Den Käse untermischen und abschmecken. Gleichmäßig über Chicorée und Schinken gießen. Mit einem Teller abdecken und 3 Minuten auf Vollgas erhitzen. 3 Minuten stehen lassen. Nach Bedarf auf einem heißen Grill (Broiler) braten, dann mit Pommes servieren.

Schweinerippchen in einer klebrigen Orangen-Barbecue-Sauce

Serviert 4

1 kg Schweinerippchen oder Spareribs
30 ml/2 Esslöffel Zitronensaft
30 ml/2 Löffel Sojasauce
5 ml/1 TL japanisches Wasabi-Pulver
15 ml/1 Esslöffel Worcestersauce
300 ml/½ pt/1¼ Tassen frisch gepresster Orangensaft
30 ml/2 Esslöffel dunkle Orangenmarmelade
10 ml/2 TL Senf
1 Knoblauchzehe, zerdrückt
Chinesische Nudeln, gekocht, zum Servieren
Ein paar Orangenscheiben zur Dekoration

Legen Sie die Rippchen in eine große flache Schüssel. Mit Folie (Plastikfolie) abdecken und zweimal durchschneiden, damit der Dampf entweichen kann. Volle 7 Minuten garen, dabei den Topf zweimal wenden. Das Fett aufdecken und vorsichtig abgießen. Die restlichen Zutaten bis auf die Nudeln verquirlen und über die Rippchen gießen. Mit Küchenpapier locker abdecken und die vollen 20 Minuten garen, dabei die Pfanne viermal wenden und jedes Mal mit der Soße begießen. Essen Sie mit gekochten chinesischen Nudeln und Orangenscheiben, die separat serviert werden.

Steak und Pilzpudding

Serviert 4

Dieser alte englische Schatz funktioniert in der Mikrowelle wie ein Traum, während sich das Talggebäck (Paste) genau so verhält, wie es sollte. Der Trick besteht darin, vorgegartes Fleisch wie hausgemachten Eintopf oder Fleisch aus der Dose zu verwenden, da rohe Fleischwürfel beim Garen mit Flüssigkeit in der Mikrowelle dazu neigen, hart zu werden.

Für das Gebäck:
175 g/6 oz/1½ Tassen selbstaufgehendes Mehl
2,5 ml/½ Teelöffel Salz
50 g/2 oz/½ Tasse zerkleinertes Rindfleisch oder vegetarischer Talg
90 ml/6 Esslöffel kaltes Wasser

Für die Füllung:
450g/1lb Eintopf mit Soße
125 g Pilze

Für die Teigzubereitung Mehl und Salz in eine Schüssel sieben und den Talg hineingeben. Mit einer Gabel so viel Wasser einrühren, dass ein weicher, aber geschmeidiger Teig entsteht. Leicht glatt kneten, dann auf einem bemehlten Brett 30 cm/12 Kreise ausrollen. Schneiden Sie ein keilförmiges Viertel aus und reservieren Sie es für den Deckel. Fetten Sie eine 900 ml/1½ Pint/3¾ Tasse Puddingdose gründlich ein und kleiden Sie sie aus, indem Sie sie über den Boden und die Seiten lösen, bis sie den Innenrand oben in der Dose erreicht, und drücken Sie alle Falten mit den Fingerspitzen heraus. Verschließen Sie die Fugen, indem Sie sie mit angefeuchteten Fingern zusammendrücken.

Für die Füllung geschmortes Fleisch und Pilze gemeinsam in der Mikrowelle oder konventionell erhitzen. Abkühlen lassen. In eine mit Teig ausgelegte Schüssel geben. Den beiseitegelegten Teig zu einem Deckel ausrollen, den Rand anfeuchten und auf die Teigauskleidung legen und zum Verschließen zusammendrücken. Mit Folie (Plastikfolie) abdecken und zweimal durchschneiden, damit der Dampf entweichen kann. 7 Minuten auf voller Stufe backen, bis der Teig gut aufgegangen ist. 3 Minuten stehen lassen, dann auf Teller löffeln und servieren.

Steak und Nierenpudding

Serviert 4

Als Pudding mit Steak und Pilzen zubereiten, aber 450 g gemischtes geschmortes Steak und Nieren verwenden.

Steak und Kastanienpudding

Serviert 4

Zubereiten wie ein Steak-Pilze-Pudding, aber die Champignons durch ganze Kastanien ersetzen.

Steak und eingelegter Walnusspudding mit Pflaumen

Serviert 4

Zubereiten wie Steak-Pilz-Pudding, aber die Pilze durch 4 eingelegte Walnüsse, geviertelte und 8 entkernte Pflaumen ersetzen.

Südamerikanisches "gehacktes" Fleisch

Serviert 4

2 Zwiebeln fein gehackt oder gerieben
275 g geschälter Kürbis, Butternusskürbis oder ungeschälte Zucchini (Zucchini), gewürfelt
1 große Tomate, blanchiert, gehäutet und gehackt
450 g/1 lb/4 Tassen grob gemahlenes (gehacktes) Rindfleisch

5–10 ml/1–2 TL Salz

Brasilianischer Reis

Das Gemüse und das Hackfleisch in eine 20 cm/8 inch Auflaufform (Dutch Oven) geben. Mit Folie (Plastikfolie) abdecken und zweimal durchschneiden, damit der Dampf entweichen kann. Volle 10 Minuten garen, dabei den Topf dreimal wenden. Aufdecken und richtig zerdrücken, um das Fleisch aufzubrechen. Mit einem Teller abdecken und 5 Minuten bei voller Hitze garen, dabei einmal umrühren. 3 Minuten stehen lassen und mit Salz abschmecken. Das Fleisch wird in der unverdickten Soße eine ziemlich lockere Konsistenz haben. Serviert mit brasilianischem Reis.

Brasilianisches "gehacktes" Fleisch mit Eiern und Oliven

Serviert 4

Zubereiten wie südamerikanischer Hackbraten, aber Kürbis, Kürbis oder Zucchini (Zucchini) weglassen. 60 ml/4 EL Brühe zur Fleischmischung geben. Reduzieren Sie die anfängliche Garzeit auf 7 Minuten. Nach dem Stehen 3 hart gekochte Eier und 12 entsteinte grüne Oliven unterrühren.

Reuben Sandwich

2 dient

Wie jeder Nordamerikaner bestätigen wird, ist das Reuben Sandwich mit offenem Gesicht ein Festmahl, das von Feinkostläden von New York bis Kalifornien hergestellt wird.

2 große Scheiben Schwarz- oder Roggenbrot
Mayonnaise
175 g Pökelfleisch, Pastrami oder Brisket, in dünne Scheiben geschnitten
175 g abgetropftes Sauerkraut
4 große dünne Scheiben Greyerzer (Schweizer) oder Emmentaler

Mayonnaise auf das Brot streichen und die Scheiben nebeneinander auf einen großen Teller legen. Unbedeckt im Auftaumodus 1½ Minuten erhitzen. Jeweils gleichmäßig mit Rindfleisch bedecken und mit Sauerkraut belegen, dabei mit einem Pfannenwender leicht andrücken. Mit Käse bedecken. 1½ – 2 Minuten auf hoher Stufe kochen, bis der Käse geschmolzen ist. Jetzt essen.

Rindfleisch Chow Mein

Serviert 4

Wie Chicken Chow Mein zubereiten, aber das Hähnchen durch Rindfleisch ersetzen.

Rindfleisch-Chop-Suey

Serviert 4

Wie Chicken Chop Suey zubereiten, aber das Hähnchen durch Rindfleisch ersetzen.

Auberginen- und Rindfleischauflauf

Serviert 6

Diese Spezialität aus Louisiana ist ein Genuss für jedermann und wird von Einheimischen genossen.

4 Auberginen (Auberginen)
10 ml/2 TL Salz
45 ml/3 Esslöffel kochendes Wasser
1 Zwiebel, fein gerieben
450 g/1 lb/4 Tassen mageres Rinderhackfleisch
75 g/3 oz/1½ Tassen frische weiße Semmelbrösel
1,5 – 2,5 ml/¼ – ½ Teelöffel Peperonisauce
Salz und frisch gemahlener Pfeffer
25 g/1 oz/2 EL Butter
250 g/8 oz/2¼ Tassen Amerikanischer Langkornreis, gekocht

Schälen Sie die Oberseite der Auberginen, den Schwanz und schneiden Sie das Fruchtfleisch in Würfel. In eine große Schüssel oder Schüssel geben und mit Salz und kochendem Wasser mischen. Mit Folie (Plastikfolie) abdecken und zweimal durchschneiden, damit der Dampf entweichen kann. 14 Minuten voll garen. 2 Minuten stehen lassen. Gründlich abtropfen lassen, dann in einen Mixer oder eine Küchenmaschine geben und pürieren. Fetten Sie die flache Schüssel gründlich ein. Auberginenpüree, Zwiebel, Rindfleisch, die Hälfte der Semmelbrösel, Paprikasauce und Salz und frisch gemahlenen schwarzen Pfeffer nach Geschmack mischen. In eine Auflaufform verteilen. Mit den restlichen Semmelbröseln bestreuen, dann mit den Butterflocken bestreuen. 10 Minuten offen garen. Vor dem Servieren nach Belieben kurz unter einem heißen Grill (Grillgrill) anbraten, damit die Oberseite knusprig wird. Mit Reis servieren.

Curry mit Frikadellen

Serviert 8

675 g/1½ lb/6 Tassen mageres Rinderhackfleisch

50 g/2 oz/1 Tasse frische weiße Semmelbrösel

1 Knoblauchzehe, zerdrückt

1 großes Ei, geschlagen

300 ml/10 fl oz/1 Dose kondensierte Tomatensuppe

6 Tomaten

10 ml/2 TL Sojasauce

15–30 ml/1–2 EL mildes Currypulver

15 ml/1 Esslöffel Tomatenmark (Paste)

1 Würfel Rinderbrühe

75 ml/5 EL Mango-Chutney

Gekochter Reis oder Kartoffelpüree zum Servieren

Rindfleisch, Semmelbrösel, Knoblauch und Ei mischen. 16 Kugeln formen und um den Rand einer 25 cm/10 tiefen Form legen. Die restlichen Zutaten mischen und die Fleischbällchen mit einem Löffel unterheben. Mit Folie (Plastikfolie) abdecken und zweimal durchschneiden, damit der Dampf entweichen kann. 18 Minuten bei voller Leistung garen, dabei den Topf viermal wenden. 5 Minuten stehen lassen. Abdecken und die Sauce über die Fleischbällchen gießen. Unbedeckt lassen und weitere 1½-2 Minuten auf hoher Stufe erhitzen. Serviert mit gekochtem Reis oder Kartoffelpüree.

Italienische Fleischbällchen

Serviert 4

15 ml/2 Esslöffel Olivenöl

1 Zwiebel, gerieben

2 Knoblauchzehen, zerdrückt

450 g/1 lb/4 Tassen mageres Rinderhackfleisch

75 ml/5 Löffel frische weiße Semmelbrösel

1 Ei, geschlagen

10 ml/2 TL Salz

400 g/14 oz/1¾ Tassen Passata (Passatomaten)

10 ml/2 TL dunkelbrauner Zucker

5 ml/1 TL getrocknetes Basilikum oder Oregano

Gießen Sie das Öl in eine tiefe Schüssel mit einem Durchmesser von 20 cm/8. Zwiebel und Knoblauch hinzufügen. Offen 4 Minuten bei voller Hitze garen. Das Fleisch mit Paniermehl, Ei und der Hälfte des Salzes mischen. 12 kleine Kugeln formen. In die Schüssel geben und offen 5 Minuten bei voller Hitze garen, dabei die Fleischbällchen nach der Hälfte der Garzeit wenden. Aufstehen und Passata, Zucker,

Oregano und restliches Salz mischen. Über die Frikadellen gießen. Mit Folie (Plastikfolie) abdecken und zweimal durchschneiden, damit der Dampf entweichen kann. Volle 10 Minuten garen, dabei den Topf dreimal wenden. Vor dem Servieren 3 Minuten stehen lassen.

Schnelle Paprika-Fleischbällchen

Für 4–6 Portionen

Dies ist gut mit einfachen gekochten Kartoffeln oder mikrowellengeeigneten Pommes Frites, wenn Sie es wirklich eilig haben!

450 g/1 lb/4 Tassen mageres Rinderhackfleisch

50 g/2 oz/1 Tasse frische weiße Semmelbrösel

1 Knoblauchzehe, zerdrückt

1 großes Ei, geschlagen

300 ml/½ Pt/1¼ Tassen Passata (Passatomaten)

300 ml/½ pt/1¼ Tassen kochendes Wasser

30 ml/2 Esslöffel getrocknete rote und grüne (Paprika-)Pfefferflocken

10 ml/2 TL Paprika

5 ml/1 Teelöffel Kreuzkümmel (optional)

10 ml/2 TL dunkelbrauner Zucker

5 ml/1 TL Salz

150 ml/5 oz/2/3 Tasse saure (milchsaure) Sahne

Fleisch, Semmelbrösel, Knoblauch und Ei mischen. Zu 12 Kugeln formen. Um den Rand einer 20 cm/8 tiefen Schüssel legen. Mischen Sie die Passata mit Wasser. Paprikaflocken, Paprika, Kreuzkümmel, falls verwendet, und Zucker unterrühren. Über die Fleischbällchen geben. Mit Folie (Plastikfolie) abdecken und zweimal durchschneiden, damit der Dampf entweichen kann. 15 Minuten bei voller Leistung garen, dabei den Topf dreimal umdrehen. 5 Minuten stehen lassen, dann aufdecken und Salz und Sauerrahm einrühren. Unbedeckt volle 2 Minuten erhitzen.

Kräuter-Rindfleisch-Scheiben-Buffet

Serviert 8

900 g Rinderhackfleisch

2 große Eier, geschlagen

1 Würfel Rinderbrühe

1 kleine Zwiebel, fein gerieben

60 ml/4 Esslöffel einfaches (Allzweck-)Mehl

45 ml/3 Löffel Tomatenketchup

10 ml/2 Teelöffel getrocknete gemischte Kräuter

10 ml/2 TL Sojasauce

Minzblätter und geschälte Orangenscheiben zur Dekoration

Alle Zutaten außer Sojasauce gut vermischen. In einer gefetteten rechteckigen Laibpfanne (Pfanne) mit 1¼ Quart/2 pt/5 Tassen verteilen. Bedecken Sie die Oberseite mit Sojasauce. Mit Folie (Plastikfolie) abdecken und zweimal durchschneiden, damit der Dampf entweichen kann. Volle 10 Minuten garen, dann 5 Minuten in die Mikrowelle stellen. Im Auftaumodus weitere 12 Minuten garen, dabei das Gericht viermal wenden. 5 Minuten stehen lassen, dann überschüssiges Fett und Säfte abdecken und vorsichtig abtropfen lassen, um sie für Saucen und Eintöpfe zu verwenden. Abkühlen lassen, dann vorsichtig in eine Servierschüssel geben und mit Minzblättern und Orangenscheiben garnieren. In Scheiben geschnitten servieren.

Erdnussrindfleisch nach malaysischer Art mit Kokosnuss

Serviert 4

2 Zwiebeln, fein gehackt
1 Knoblauchzehe, zerdrückt
450 g/1 lb/4 Tassen extra mageres Rinderhackfleisch
125 g/4 oz/½ Tasse knusprige Erdnussbutter
45 ml/3 Esslöffel getrocknete (geriebene) Kokosnuss
2,5 ml/½ Teelöffel Paprikasauce
15 ml/1 Esslöffel Sojasauce
2,5 ml/½ Teelöffel Salz
300 ml/½ pt/1¼ Tassen kochendes Wasser
175 g Reis, gekocht
Orientalische Gewürzgurken zur Dekoration (optional)

Zwiebel, Knoblauch und Rindfleisch in eine 1,5-Quart/2½-Quart/6-Tassen-Auflaufform (Dutch Oven) geben. Mit einer Gabel gut vermischen und darauf achten, dass das Rindfleisch gründlich zerkleinert wird. Mit Folie (Plastikfolie) abdecken und zweimal durchschneiden, damit der Dampf entweichen kann. Volle 8 Minuten garen, dabei den Topf zweimal wenden. Alle restlichen Zutaten außer dem Reis aufdecken und untermischen. Zugedeckt wie zuvor weitere 8 Minuten bei voller Hitze garen, dabei den Topf dreimal wenden. 3 Minuten stehen lassen. Aufdecken und schwenken, dann auf Wunsch mit gekochtem Reis und Gurken servieren.

Ein schnelles Rindfleisch und Mayonnaise-Laib

Serviert 6

Ein super Hauptgericht zum Abendessen, luxuriöser, als man es von einer so schnell zubereiteten Mahlzeit erwarten würde.

750 g/1½ lb/6 Tassen mageres Rinderhackfleisch
15 ml/1 Esslöffel getrocknete rote und grüne (Paprika-)Pfefferflocken
15 ml/1 Esslöffel fein gehackte Petersilie
7,5 ml/1½ TL Zwiebelsalz
30 ml/2 Esslöffel einfaches (Allzweck-)Mehl
60 ml/4 Esslöffel dicke Mayonnaise
7,5 ml/1½ TL Senfpulver
5 ml/1 Teelöffel Sojasauce

Eine tiefe Form mit einem Durchmesser von 20 cm / 8 cm gut einfetten. Rindfleisch mit allen restlichen Zutaten mischen und in einer Schüssel vorsichtig verteilen. Mit Folie (Plastikfolie) abdecken und zweimal durchschneiden, damit der Dampf entweichen kann. 12 Minuten bei voller Leistung garen, dabei den Topf viermal wenden. 5 Minuten stehen lassen, dann den Laib mit zwei Pfannenwendern aus der Pfanne nehmen und das Fett zurücklassen. Auf eine vorgewärmte Servierplatte geben und zum Servieren in sechs Keile schneiden.

Rindfleisch in Rotwein gekocht

Serviert 4

Ein cleveres und stilvolles Gericht, besonders wenn es mit klassischen Makkaroni und Käse oder Wirsingkartoffeln und vielleicht Artischockenherzen aus der Dose serviert wird, die in etwas Butter aufgewärmt werden.

30 ml/2 Löffel Butter oder Margarine
2 große Zwiebeln, gerieben
1 Knoblauchzehe, zerdrückt
125 g Champignons, in dünne Scheiben schneiden
450 g Flankensteak, in kleine Würfel geschnitten
15 ml/1 Esslöffel Tomatenmark (Paste)
15 ml/1 Esslöffel gehackte Petersilie

15 ml/1 Esslöffel Maismehl (Maisstärke)
5 ml/1 Teelöffel starker Senf
300 ml/½ pt/1 ¼ Tasse trockener Rotwein
5 ml/1 TL Salz

Butter oder Margarine in eine Auflaufform 20 cm/8 (Dutch Oven) geben. Unbedeckt schmelzen und 1–1½ Minuten auftauen lassen. Zwiebel, Knoblauch und Champignons unterrühren. Offen 5 Minuten bei voller Hitze garen. Das Steak einrühren, dann die Mischung zum Rand der Schüssel bewegen, um einen Ring zu bilden, wobei in der Mitte eine kleine Vertiefung verbleibt. Mit einem Teller abdecken und 5 Minuten garen. In der Zwischenzeit Tomatenpüree, Petersilie, Maismehl und Senf mischen. Mit einem Schuss Rotwein gut verrühren, dann den Rest unterrühren. Vorsichtig in die Steakmischung einrühren. Mit einem Teller abdecken und zweimal 5 Minuten mischen. 3 Minuten stehen lassen. Salz einrühren und dann servieren.

Minz-Auberginen-Dip

6-8 Portionen

750g/1½lb Auberginen (Auberginen)
Saft von 1 Zitrone
20 ml/4 TL Olivenöl
1–2 Knoblauchzehen, zerdrückt
250 ml/8 fl oz/1 Tasse Hüttenkäse oder Hüttenkäse
15 ml/1 Esslöffel gehackte Minzblätter
1,5 ml/¼ Teelöffel Kristallzucker (sehr fein).
7,5–10 ml/1½–2 TL Salz

Die Auberginen mit Kopf und Schwanz bedecken und der Länge nach halbieren. Auf einem großen Teller mit den Schnittflächen nach unten anrichten und mit Küchenpapier abdecken. 8-9 Minuten auf hoher Stufe garen oder bis sie weich sind. Entfernen Sie das Fruchtfleisch von den Häuten direkt in die Küchenmaschine und fügen Sie die restlichen Zutaten hinzu. Zu einem glatten und cremigen Püree verarbeiten. In eine Servierschüssel geben, abdecken und vor dem Servieren leicht abkühlen lassen.

Auberginen-Dip mit Tomaten und gemischten Kräutern

6-8 Portionen

750g/1½lb Auberginen (Auberginen)
5 ml/1 Teelöffel gehackte Minzblätter
75 ml/3 Teelöffel gehackte Korianderblätter.
5 ml/1 TL gehackte Petersilie
3 Tomaten, blanchiert, geschält, entkernt und fein gehackt

Die Auberginen mit Kopf und Schwanz bedecken und der Länge nach halbieren. Auf einem großen Teller mit den Schnittflächen nach unten anrichten und mit Küchenpapier abdecken. 8-9 Minuten auf hoher Stufe garen oder bis sie weich sind. Entfernen Sie das Fruchtfleisch von den Schalen direkt in die Küchenmaschine und fügen Sie die restlichen Zutaten außer den Tomaten hinzu. Zu einem glatten und cremigen Püree verarbeiten. Die Tomaten einrühren, dann in eine Servierschüssel gießen, abdecken und vor dem Servieren leicht abkühlen.

Auberginen- und Tahini-Dip aus dem Nahen Osten

6-8 Portionen

750g/1½lb Auberginen (Auberginen)
45 ml/3 Esslöffel Tahini (Sesampaste)
Saft von 1 kleinen Zitrone
1 Knoblauchzehe, in dünne Scheiben geschnitten
25 ml/1 ½ Löffel Olivenöl
1 kleine Zwiebel, in Scheiben geschnitten
60 ml/4 EL grob gehackte Korianderblätter.
5 ml/1 TL Kristallzucker (sehr fein).
5–10 ml/1–2 TL Salz

Die Auberginen mit Kopf und Schwanz bedecken und der Länge nach halbieren. Auf einem großen Teller mit den Schnittflächen nach unten anrichten und mit Küchenpapier abdecken. 8-9 Minuten auf hoher Stufe garen oder bis sie weich sind. Entfernen Sie das Fruchtfleisch von den Häuten direkt in die Küchenmaschine. Restliche Zutaten und Salz nach Geschmack hinzugeben. Zu einem glatten und cremigen Püree verarbeiten. In eine Servierschüssel geben und bei Zimmertemperatur servieren.

Türkischer Auberginen-Dip

6-8 Portionen

750g/1½lb Auberginen (Auberginen)
30 ml/2 Esslöffel Olivenöl
Saft von 1 großen Zitrone
2,5–5 ml/½–1 TL Salz
2,5 ml/½ Teelöffel Kristallzucker (sehr fein).
Schwarze Oliven, Paprikastreifen und Tomatenringe zur Dekoration

Die Auberginen mit Kopf und Schwanz bedecken und der Länge nach halbieren. Auf einem großen Teller mit den Schnittflächen nach unten anrichten und mit Küchenpapier abdecken. 8-9 Minuten auf hoher Stufe garen oder bis sie weich sind. Entfernen Sie das Fruchtfleisch von den Häuten direkt in die Küchenmaschine und fügen Sie die restlichen Zutaten hinzu. Zu einem halbglatten Püree verarbeiten. In eine Servierschüssel geben und mit Oliven, Paprika und Tomatenscheiben garnieren.

Griechischer Auberginen-Dip

6-8 Portionen

750g/1½lb Auberginen (Auberginen)
1 kleine Zwiebel, grob gerieben
2 Knoblauchzehen, in dünne Scheiben geschnitten
5 ml/1 Teelöffel Malzessig
5 ml/1 TL Zitronensaft
150 ml/¼ pt/2/3 Tasse natives Olivenöl extra
2 große Tomaten, blanchiert, entkernt und grob gehackt
Petersilie, grüne oder rote Paprika und kleine schwarze Oliven zur Dekoration

Die Auberginen mit Kopf und Schwanz bedecken und der Länge nach halbieren. Auf einem großen Teller mit den Schnittflächen nach unten anrichten und mit Küchenpapier abdecken. 8-9 Minuten auf hoher Stufe garen oder bis sie weich sind. Entfernen Sie das Fruchtfleisch von den Schalen direkt in eine Küchenmaschine und fügen Sie Zwiebel, Knoblauch, Essig, Zitronensaft und Öl hinzu. Zu einem glatten Püree verarbeiten. In eine große Schüssel geben und die Tomaten unterrühren. In eine Servierschüssel füllen und mit Petersilie, Paprikaringen und Oliven garnieren.

Cauda-Sumpf

Für 4–6 Portionen

Ein äußerst reichhaltiger und einzigartiger Sardellen-Dip aus Italien, der nach der Zubereitung über dem Herd auf dem Esstisch warm gehalten werden sollte. Dunks sind normalerweise rohes oder gekochtes Gemüse. Verwenden Sie nur feines und zartes hellgoldenes natives Olivenöl extra, da sonst der Geschmack zu stark sein kann.

30 ml/2 Esslöffel Olivenöl
25 g/1 oz/2 EL ungesalzene (süße) Butter
1 Knoblauchzehe, zerdrückt
50 g/2 oz/1 kleine Dose Sardellenfilets in Öl
60 ml/4 Esslöffel fein gehackte Petersilie
15 ml/1 Esslöffel fein gehackte Basilikumblätter

Öl, Butter und Knoblauch in eine nichtmetallische ofenfeste Form geben. Sardellenöl aus der Dose, Petersilie und Basilikum dazugeben. Sardellen fein hacken und in die Schüssel geben. Die Schüssel teilweise mit einem Teller abdecken und im Auftaumodus 3-4 Minuten garen, bis der Dip durchgewärmt ist. In einen beleuchteten Alkoholkocher geben und während des Essens warm halten.

Auberginenauflauf

Serviert 4

Ein Louisiana-Rezept, das ich aus diesem heißen Teil Nordamerikas mitgebracht habe.

2 Auberginen (Auberginen), insgesamt etwa 550 g/1¼ lb
1 Stange Sellerie, fein gehackt
1 große Zwiebel fein gehackt
½ grüne Paprika, entkernt und fein gehackt
30 ml/2 Esslöffel Sonnenblumen- oder Maisöl
3 Tomaten, gehäutet und gehackt
75 g/3 oz/1½ Tassen frische weiße Semmelbrösel
Salz und frisch gemahlener schwarzer Pfeffer
50 g geriebener Cheddar-Käse

Schneiden Sie mit einem scharfen Messer die Haut jeder Aubergine der Länge nach um den gesamten Umfang herum. Auf einen Teller legen, mit Küchenpapier abdecken und 6 Minuten auf Vollgas garen, dabei einmal wenden. Sie sollten weich sein, aber wenn nicht, kochen Sie weitere 1-2 Minuten. Schneiden Sie sie entlang der Kerbe in zwei Hälften, geben Sie das Fruchtfleisch in einen Mixer oder eine Küchenmaschine und entsorgen Sie die Haut. Püree. Sellerie, Zwiebel, grüne Paprika und Öl in eine 2-Quart/3½-Punkte/8½-Tassen-Auflaufform (Dutch Oven) geben, mit einem Teller abdecken und 3 Minuten lang auf hoher Stufe garen. Auberginenpüree, Tomaten, Semmelbrösel sowie Salz und Pfeffer nach Geschmack mischen und weitere 3 Minuten auf voller Stufe garen. Aufdecken, mit Käse bestreuen und 2 Minuten ohne Deckel erhitzen. Vor dem Servieren 2 Minuten stehen lassen.

Eingelegte Cocktailpilze

Serviert 8

60 ml/4 Löffel Rotweinessig
60 ml/4 Esslöffel Sonnenblumen- oder Maisöl
1 Zwiebel, sehr dünn geschnitten
5 ml/1 TL Salz
15 ml/1 Esslöffel gehackte Korianderblätter.
5 ml/1 TL feiner Senf
15 ml/1 Esslöffel hellbrauner Zucker
5 ml/1 TL Worcestersauce
Cayennepfeffer
350 g Champignons

Essig, Öl, Zwiebel, Salz, Koriander, Senf, Zucker und Worcestershire-Sauce in einen 2-Quart/ 3½ pt/8½ Tasse (Dutch Oven) mit einer Prise Cayennepfeffer geben. Mit einem Teller abdecken und 6 Minuten auf Vollgas erhitzen. Pilze unterrühren. Nach dem Abkühlen abgedeckt etwa 12 Stunden kühl stellen. Abgießen und mit einem cremigen Dip servieren.

Gefüllte gebackene Auberginen mit Eiern und Pinienkernen

2 dient

2 Auberginen (Auberginen), insgesamt etwa 550 g/1¼ lb
10 ml/2 TL Zitronensaft
75 g/3 oz/1½ Tassen frische weiße oder braune Semmelbrösel
45 ml/3 Esslöffel geröstete Pinienkerne
7,5 ml/1 ½ TL Salz
1 Knoblauchzehe, zerdrückt
3 hart gekochte (gekochte) Eier, gehackt
60 ml/4 Esslöffel Milch
5 ml/1 Teelöffel getrocknete gemischte Kräuter
20 ml/4 TL Olivenöl

Schneiden Sie mit einem scharfen Messer die Haut jeder Aubergine der Länge nach um den gesamten Umfang herum. Auf einen Teller legen, mit Küchenpapier abdecken und 6 Minuten auf Vollgas garen, dabei einmal wenden. Sie sollten weich sein, aber wenn nicht, kochen Sie weitere 1-2 Minuten. Jede entlang der Kerbe halbieren, dann das Fruchtfleisch in einen Mixer oder eine Küchenmaschine geben und die Haut intakt lassen. Zitronensaft zugeben und zu einem glatten Püree verarbeiten. In eine Schüssel kratzen und alle restlichen Zutaten außer Öl untermischen. In die Schalen der Auberginen löffeln und dann mit den schmalen Enden zur Mitte auf einen Teller legen. Öl darüber träufeln, mit Küchenpapier abdecken und ganze 4 Minuten erhitzen. Warm oder kalt essen.

Griechische Pilze

Serviert 4

1 Tüte Bouquet garni
1 Knoblauchzehe, zerdrückt
2 Lorbeerblätter
60 ml/4 Esslöffel Wasser
30 ml/2 Esslöffel Zitronensaft
15 ml/1 Esslöffel Weinessig
15 ml/1 Esslöffel Olivenöl
5 ml/1 TL Salz
450 g Champignons
30 ml/2 Esslöffel gehackte Petersilie

Alle Zutaten außer den Pilzen und der Petersilie in eine große Schüssel geben. Mit einem Teller abdecken und 4 Minuten auf Vollgas erhitzen. Die Pilze einrühren, wie zuvor zudecken und weitere 3½ Minuten bei voller Hitze garen. Kühlen, abdecken und dann mehrere Stunden im Kühlschrank lagern. Das Bouquet garni entfernen, dann die Champignons mit einer Schaumkelle auf vier Teller heben, mit Petersilie bestreuen und servieren.

Artischocken-Vinaigrette

Serviert 4

450 g Topinambur
Vinaigrette-Dressing, hausgemacht oder gekauft
10 ml/2 TL gehackte Petersilie
5 ml/1 TL gehackter Estragon

Artischocken und etwas Wasser in eine Schüssel geben und mit einem Teller abdecken. Volle 10 Minuten garen, dabei den Topf zweimal wenden. Gründlich abtropfen lassen und grob hacken. Noch warm mit Vinaigrette-Dressing bestreichen. Auf vier Teller verteilen und mit Petersilie und Estragon bestreuen.

Caesar Salat

Serviert 4

Ein einzigartiger Salat, der in den zwanziger Jahren von Caesar Cardini kreiert wurde und in dem Eier ungewöhnlich gefüllt sind. Es ist eine wunderbar einfache Vorspeise, hat aber klassischen Chic.

1 Stück (Römer-)Salat, gekühlt
1 Knoblauchzehe, zerdrückt
60 ml/4 Esslöffel natives Olivenöl extra
Salz und frisch gemahlener schwarzer Pfeffer
2 große Eier
5 ml/1 TL Worcestersauce
Saft von 2 Zitronen, abgeseiht
90 ml/6 Löffel frisch geriebener Parmesan
50 g/2 oz/1 Tasse Knoblauchcroutons

Den Salat in 5 cm/2 Stücke schneiden und mit Knoblauch, Öl und Gewürzen nach Geschmack in eine Salatschüssel geben. Vorsichtig werfen. Zum Rührei eine Müslischale mit Frischhaltefolie (Plastikfolie) auslegen und die Eier aufschlagen. Offen im Auftaumodus 1½ Minuten garen. Mit allen restlichen Zutaten in die Salatschüssel geben und erneut mischen, bis alles gut vermischt ist. Auf Tellern anrichten und sofort servieren.

Holländischer Chicorée mit Ei und Butter

Serviert 4

8 Chicorée-Köpfe (Belgischer Chicorée)
30 ml/2 Esslöffel Zitronensaft
75 ml/5 Löffel kochendes Wasser
5 ml/1 TL Salz
75 g Butter bei Raumtemperatur und ziemlich weich
4 hart gekochte (gekochte) Eier, gehackt

Den Chicorée putzen und jeweils ein kegelförmiges Stück von der Basis abschneiden, um einen bitteren Geschmack zu vermeiden. Legen Sie den Chicorée in einer einzigen Schicht in eine 20 cm/8 Schüssel und fügen Sie den Zitronensaft und das Wasser hinzu. Mit Salz bestreuen. Mit Folie (Plastikfolie) abdecken und zweimal durchschneiden, damit der Dampf entweichen kann. 15 Minuten voll garen. 3 Minuten stehen lassen, dann abtropfen lassen. Während der Chicorée kocht, die Butter schlagen, bis sie hell und cremig ist. Eier unterrühren. Den Chicorée auf vier vorgewärmte Teller anrichten und die Eiermasse darüber gießen. Jetzt essen.

Ei-Mayonnaise

Dient 1

Eiermayonnaise, eine der Standard-Vorspeisen in Frankreich, ist zuverlässig schmackhaft und kann je nach Geschmack variiert werden.

Zerkleinerte Salatblätter
1–2 hartgekochte Eier, halbiert
Mayonnaise-Sauce oder verwenden Sie im Laden gekaufte Mayonnaise
4 Sardellenfilets aus der Dose in Öl
1 Tomate, in Monde geschnitten

Salat auf einem Teller anrichten. Legen Sie die Eier darauf, schneiden Sie die Seiten nach unten. Die Mayonnaise ziemlich dick aufstreichen, dann nach Belieben mit Sardellen und Tomatenscheiben dekorieren.

Eier mit Skordalia-Mayonnaise

Serviert 4

Eine vereinfachte Version einer komplexen Knoblauch-Semmelbrösel-Mayonnaise-Sauce, die den vollen Geschmack und die Textur von Eiern ergänzt.

150 ml/¼ Punkt/2/3 Tasse Mayonnaise-Sauce

1 Knoblauchzehe, zerdrückt

10 ml/2 Teelöffel frische weiße Semmelbrösel

15 ml/1 Esslöffel gemahlene Mandeln

10 ml/2 TL Zitronensaft

10 ml/2 TL gehackte Petersilie

Zerkleinerte Salatblätter

2 oder 4 hart gekochte (hart gekochte) Eier, halbiert

1 rote Zwiebel, sehr dünn geschnitten

Kleine griechische schwarze Oliven zum Garnieren

Mayonnaise, Knoblauch, Semmelbrösel, Mandeln, Zitronensaft und Petersilie mischen. Den Salat auf einem Teller anrichten und die Eihälften darauf legen. Mit Mayonnaisemischung bestreichen, dann mit Zwiebelscheiben und Oliven dekorieren.

Schottische Waldschnepfe

Serviert 4

Dieser gehört in die alte Liga der urbanen Gentlemen's Clubs und bleibt, heiß serviert, einer der luxuriösesten Appetizer.

4 Scheiben Brot
Butter
Gentleman's Relish oder Sardellenpaste
2 Mengen extra cremiges Rührei
Ein paar konservierte Sardellenfilets in Öl zur Dekoration

Das Brot toasten und anschließend mit Butter bestreichen. Mit Gentleman's Relish oder Sardellenpaste bestreichen, jede Scheibe vierteln und warm halten. Machen Sie extra cremiges Rührei und löffeln Sie es über die Toastviertel. Mit Sardellenfilets dekorieren.

Eier mit schwedischer Mayonnaise

Serviert 4

Zerkleinerte Salatblätter
1–2 hartgekochte Eier, halbiert
25 ml/1 ½ EL Apfelmus (Apfelmus)
Riegel (feinster) Zucker
150 ml/¼ Pt/2/3 Tasse Mayonnaise-Sauce oder verwenden Sie Mayonnaise aus dem Laden
5 ml/1 TL Meerrettichsauce
5–10 ml/1–2 TL schwarzer oder orangefarbener Kaviar
1 essbarer (Dessert-)Apfel mit roter Schale, in dünne Scheiben geschnitten

Salat auf einem Teller anrichten. Legen Sie die Eier darauf, schneiden Sie die Seiten nach unten. Das Apfelpüree leicht mit Puderzucker süßen und dann unter die Mayonnaise mit Meerrettichsoße mischen. Die Eier mit dieser Mischung bepinseln, dann mit künstlichem Kaviar und einem Apfelstreifen garnieren.

Türkischer Bohnensalat

Serviert 6

In der Türkei heißt dies Fensya Plaki und ist im Grunde eine Mischung aus Dosenbohnen (Nava) und einer Portion mediterranem Gemüse. Es ist eine sparsame Vorspeise und bittet um knuspriges Brot an der Seite.

75 ml/5 Löffel Olivenöl

2 Zwiebeln, fein gerieben

2 Knoblauchzehen, zerdrückt

1 große reife Tomate, blanchiert, geschält, entkernt und gehackt

1 grüne Paprika, entkernt und sehr fein gehackt

10 ml/2 TL Kristallzucker

75 ml/5 Esslöffel Wasser

2,5–5 ml/½–1 TL Salz

30 ml/2 Esslöffel gehackter Dill (Dillkraut)

400g/14oz/1 große Dose Bohnen, abgetropft

Geben Sie das Öl, die Zwiebel und den Knoblauch in einen 1,75-Liter-Topf und garen Sie es ohne Deckel die vollen 5 Minuten, wobei Sie zweimal umrühren. Tomaten, grüne Paprika, Zucker, Wasser und Salz einrühren. Zwei Drittel der Strecke mit einem Teller abdecken und volle 7 Minuten garen, dabei zweimal umrühren. Vollständig abkühlen lassen, dann abdecken und mehrere Stunden kühl stellen. Dill und

Bohnen unterrühren. Wieder abdecken und für eine weitere Stunde kühl stellen.

Bohnensalat mit Ei

Serviert 6

Machen Sie einen türkischen Bohnensalat, aber garnieren Sie jede Portion mit Stücken eines hart gekochten (gekochten) Eies.

Eingetopfter Kipper

Serviert 6

275 g Bücklingsfilet
75 g/3 oz/1/3 Tasse Frischkäse
Saft von ½ Zitrone
2,5 ml/½ Teelöffel englischer oder kontinentaler Senf
1 Knoblauchzehe, in dünne Scheiben geschnitten (optional)
Heißer Toast oder Cracker zum Servieren

Stellen Sie die Bücklinge in die Mikrowelle. Haut und Knochen entfernen und das Fleisch zerkleinern. Mit den restlichen Zutaten in eine Küchenmaschine geben und verarbeiten, bis die Mischung eine Paste bildet. In eine kleine Schüssel geben und die Oberseite nivellieren. Abdecken und kalt stellen, bis es fest ist. Aufstrich auf heißem Toast oder Crackern servieren.

Eingemachte Garnelen

Serviert 4

Ein weiteres typisch britisches Erweckungsrezept. Serviert mit frisch zubereitetem dünnem weißem Toast.

175 g ungesalzene (süße) Butter
225 g/8 oz/2 Tassen Babygarnelen
Eine Prise Piment
Weißer Pfeffer
Anstoßen, servieren

Die Butter in eine Schüssel geben und mit einem Teller abdecken. Bei voller Leistung etwa 2-3 Minuten in der Mikrowelle erhitzen, bis sie geschmolzen sind. Kombinieren Sie zwei Drittel der Butter mit den Garnelen, würzen Sie dann mit Piment und Gewürzen nach Geschmack. Löffel in vier separate Töpfe oder Auflaufförmchen (Puddingbecher). Mit der restlichen Butter gleichmäßig verteilen. Kühl stellen, bis die Butter hart wird. Auf Teller stürzen und mit Toast essen.

Gebackene Avocado mit gefülltem Ei

Serviert 4

Ein vernachlässigtes Rezept aus den siebziger Jahren, oft gewählt für eine leichte Mahlzeit oder eine herzhafte Vorspeise.

2 Stangen Sellerie, fein gehackt
60 ml/4 Esslöffel frische weiße Semmelbrösel
2,5 ml/½ Teelöffel fein abgeriebene Zitronenschale
5 ml/1 Teelöffel Zwiebelsalz
2,5 ml/½ TL Paprika
45 ml/3 Esslöffel einfache (leichte) Sahne
Frisch gemahlener schwarzer Pfeffer
2 mittelgroße, gerade reife Avocados
2 große hart gekochte (gekochte) Eier, gehackt
20 ml/4 Teelöffel geröstete Semmelbrösel
20 ml/4 TL geschmolzene Butter

Sellerie, Weißbrotbrösel, Zitronenschale, Zwiebelsalz, Paprika und Sahne mischen und abschmecken. Die Avocado halbieren und die Kerne entfernen. Wir höhlen einen Teil des Fruchtfleisches aus, um Platz für die Füllung zu schaffen, und mahlen es grob. Das Fruchtfleisch mit den Eiern zur Paniermehlmischung geben. Gut mischen und in die Avocadoschalen geben. Mit den spitzen Enden zur Mitte auf einen Teller legen. Mit gerösteten Semmelbröseln bestreuen und dann Butter darüber träufeln. Mit Küchenpapier abdecken und 4-5 Minuten voll erhitzen. Jetzt essen.

Avocado gefüllt mit Tomaten und Käse

Für 2 als Hauptgericht, für 4 als Vorspeise

Eine erstaunliche Mischung, perfekt für Vegetarier und alle anderen, die in diese Richtung denken.

2 große reife Avocados
Saft von ½ Limette
50 g/2 oz/1 Tasse weiche braune Semmelbrösel
1 kleine Zwiebel, fein gerieben
2 Tomaten, blanchiert, enthäutet und gehackt
Salz und frisch gemahlener schwarzer Pfeffer
50 g Hartkäse, gerieben
Rote Paprika
8 geröstete Haselnüsse

Die Avocado halbieren und das Fruchtfleisch vorsichtig direkt in eine Schüssel geben. Limettensaft zugeben und mit einer Gabel leicht zerdrücken. Semmelbrösel, Zwiebel und Tomaten mit Salz und Pfeffer abschmecken. In Avocadoschalen legen und mit Käse und Paprika bestreuen. Auf jede Hälfte zwei Haselnüsse legen. Auf einem großen Teller mit den spitzen Enden zur Mitte hin anrichten. Mit Küchenpapier locker abdecken und 5-5½ Minuten bei voller Hitze garen. Sofort servieren.

Skandinavischer Rollmop und Apfelsalat

Serviert 4

75 g/3 oz getrocknete Apfelringe
150 ml/¼ pt/2/3 Tassen Wasser
3 Zwiebelbrötchen
150 ml/¼ pt/2/3 Tasse Schlagsahne oder doppelte (schwere) Sahne
Knäckebrot, servieren

Die Apfelringe waschen, in Stücke schneiden, in eine mittelgroße Schüssel geben und Wasser hinzufügen. Mit einem Teller abdecken und 5 Minuten auf Vollgas erhitzen. 5 Minuten stehen lassen, dann gründlich abtropfen lassen. Die Rollen auseinanderfalten und in diagonale Streifen schneiden. Zum Apfel und der Zwiebel geben und die Sahne unterrühren. Abdecken und über Nacht im Kühlschrank marinieren. Vor dem Servieren mischen, dann auf einzelnen Tellern anrichten und mit Knäckebrot servieren.

Rollmop und Apfelsalat mit Currysauce

Serviert 4

Zubereiten wie beim skandinavischen Rollmop-Apfel-Salat, aber die Sahne durch halb Mayonnaise und halb Crème fraîche ersetzen. Mit Currypaste abschmecken.

Blattsalat mit Ziegenkäse und warmem Dressing

Serviert 4

12 kleine runde Salatblätter

1 Schachtel Brunnenkresse

20 Raketenblätter

4 einzelne Ziegenkäse

90 ml/6 Esslöffel Traubenkernöl

30 ml/2 Esslöffel Haselnussöl

10 ml/2 Teelöffel Orangenblütenwasser

10 ml/2 TL Dijon-Senf

45 ml/3 Esslöffel Reis- oder Apfelessig

10 ml/2 TL Kristallzucker

5 ml/1 TL Salz

Salatblätter waschen und trocknen. Brunnenkresse schneiden, waschen und trocknen. Den Rucola waschen und abtropfen lassen. Ordnen Sie diese drei ansprechend auf vier einzelnen Tellern an und legen Sie den Käse jeweils in die Mitte. Alle restlichen Zutaten in eine Schüssel geben und ohne Deckel 3 Minuten zum Auftauen erhitzen. Zum Kombinieren umrühren und dann über jeden Salat geben.

Gelee-Tomatenbecher

Serviert 4

4 Tomaten, blanchiert, enthäutet und gehackt
5 ml/1 TL fein gehackte frische Ingwerwurzel
5 ml/1 Teelöffel fein geriebene Limettenschale
20 ml/4 TL Gelatinepulver
750 ml/1¼ pt/3 Tassen Hühnerbrühe
30 ml/2 Löffel Tomatenpüree (Paste)
5 ml/1 TL Worcestersauce
5 ml/1 TL Kristallzucker (sehr fein).
5 ml/1 Teelöffel Selleriesalz
20 ml/4 Teelöffel Crème fraîche
Geröstete Sesamkörner zum Bestreuen
Käsekekse (Cracker) zum Servieren

Die Tomaten gleichmäßig auf vier große Weingläser verteilen, dann mit Ingwer und Limettenschale bestreuen. Die Gelatine in eine 1,5-Liter-/2½-Punkt-/6-Tassen-Schüssel mit 75 ml/5 EL Brühe geben und 5 Minuten weich werden lassen. Auftauen, unbedeckt, auf dem Auftauen für etwa 2 Minuten. Restliche Brühe mit Tomatenmark, Worcestersauce, Zucker und Selleriesalz unterrühren. Vorsichtig verquirlen, bis es gleichmäßig vermischt ist, dann im Kühlschrank aufbewahren, bis es leicht eingedickt ist. Gießen Sie einen Löffel über die Tomaten und lassen Sie sie fest werden. 5 ml/1 TL Crème fraîche hinzugeben und mit Sesam bestreuen, bevor sie mit den Käsecrackern serviert werden.

Gefüllte Tomaten

Serviert 4

Eine gesunde, aber unkomplizierte Vorspeise, köstlich serviert auf Toast mit Butter oder in Knoblauchbutter geröstetem (gedünstetem) Brot.

6 Tomaten
1 Zwiebel, gerieben
50 g/2 oz/1 Tasse frische weiße Semmelbrösel
5 ml/1 TL Senf
5 ml/1 TL Salz
15 ml/1 Esslöffel gehackter Schnittlauch oder Petersilie
50 g / 2 oz / ½ Tasse gehacktes kaltes gekochtes Fleisch oder Geflügel, gewürfelte Garnelen (Garnelen) oder geriebener Käse
1 kleines Ei, geschlagen

Die Tomaten halbieren und die Mitte in eine Schüssel geben, die harten Kerne wegwerfen. Muscheln zum Abtropfen kopfüber auf Küchenpapier legen. Alle restlichen Zutaten in eine Schüssel geben und das Tomatenmark hinzufügen. Mit einer Gabel gut umrühren, dann wieder in die Hälfte der Tomaten geben. In zwei Ringen ineinander um den Tellerrand legen. Mit Küchenpapier abdecken und 7 Minuten auf Vollgas garen, dabei den Teller dreimal wenden. Heiß servieren und drei Hälften pro Portion zulassen.

Italienische gefüllte Tomaten

Serviert 4

6 Tomaten
75 g/3 oz/1½ Tassen frische braune Semmelbrösel
175 g/6 oz/1½ Tassen Mozzarella-Käse, geraspelt
2,5 ml/½ Teelöffel getrockneter Oregano
2,5 ml/½ Teelöffel Salz
10 ml/2 TL gehackte Basilikumblätter
1 Knoblauchzehe, zerdrückt
1 kleines Ei, geschlagen

Die Tomaten halbieren und die Mitte in eine Schüssel geben, die harten Kerne wegwerfen. Muscheln zum Abtropfen kopfüber auf Küchenpapier legen. Alle restlichen Zutaten in eine Schüssel geben und das Tomatenmark hinzufügen. Mit einer Gabel gut umrühren, dann wieder in die Hälfte der Tomaten geben. In zwei Ringen ineinander um den Tellerrand legen. Mit Küchenpapier abdecken und volle 7-8 Minuten garen, dabei den Teller dreimal wenden. Warm oder kalt servieren und drei Hälften pro Portion einplanen.

Gläser für Tomaten- und Hühnersalat

Serviert 4

450 ml/¾ pt/2 Tassen Hühnerbrühe
15 ml/1 Esslöffel pulverisierte Gelatine
30 ml/2 Löffel Tomatenpüree (Paste)
1 kleine Zwiebel, fein gerieben
5 ml/1 TL Kristallzucker (sehr fein).
1 kleine grüne Paprika, in kleine Würfel geschnitten
175 g/6 oz/1½ Tassen kaltes gekochtes Fleisch, fein gehackt
1 Karotte, gerieben
2 Ananasringe aus der Dose (nicht frisch, sonst wird das Gelee nicht hart)
2 hart gekochte (gekochte) Eier, gerieben

Gießen Sie die Hälfte der Brühe in eine 1,5 Liter / 2½ Punkt / 6 Tassen Schüssel. Gelatine einrühren und 5 Minuten einweichen lassen. Unbedeckt schmelzen und 2–2½ Minuten auftauen lassen. Fügen Sie die restliche Brühe hinzu und rühren Sie gut um, um zu kombinieren. Abdecken und abkühlen lassen, bis sie kalt und eingedickt ist, dann alle restlichen Zutaten außer den Eiern hinzufügen. Auf vier Glasschalen verteilen und bis zum Festwerden im Kühlschrank aufbewahren. Vor dem Servieren mit Ei beträufeln.

Gehackte Eier und Zwiebeln

Für 4 als Vorspeise, für 6 als Hauptgericht

Ein wunderbarer jüdischer Klassiker für das ganze Jahr, der am besten mit knusprigen Crackern wie traditioneller Matza gegessen wird. Ein großer Vorteil ist das Kochen von Eiern in einem Mikrowellenherd - keine dampfende Küche und keine Pfanne zum Waschen. Butter oder jede Margarine wird hier vorgeschlagen, aber die orthodoxe Gemeinschaft würde nur pflanzliche Margarine verwenden.

5 hart gekochte (gekochte) Eier, geschält und fein gehackt
40 g weiche Butter oder Margarine
1 Zwiebel, fein gerieben
Salz und frisch gemahlener schwarzer Pfeffer
Salatblätter oder Petersilie zur Dekoration

Mischen Sie die gehackten Eier mit Butter oder Margarine. Die Zwiebel unterrühren und nach Geschmack würzen. Auf vier Tellern anrichten und jeweils mit Salat oder Petersilie garnieren.

Quiche Lorraine

Für 4–6 Portionen

Die original französische Quiche oder herzhafte Torte mit einer "Familie" von Variationen.

Für Gebäck (Paste):
175 g/6 oz/1½ Tassen einfaches (Allzweck-)Mehl
1,5 ml/¼ Teelöffel Salz
100 g / 3½ oz / knapp ½ Tasse Butter gemischt mit Margarine, weißem Fett oder Schmalz, oder verwenden Sie reine Margarine
1 kleines Eigelb
Für die Füllung:
6 Scheiben Speck
3 Eier
300 ml/½ Punkt/1¼ Tasse Vollmilch oder eine (leichte) Sahne
2,5 ml/½ gestrichener Teelöffel Salz
Frisch gemahlener schwarzer Pfeffer
Geriebene Muskatnuss

Für die Teigzubereitung Mehl und Salz in eine Schüssel sieben. Das Fett einreiben, bis die Masse wie feine Semmelbrösel aussieht, dann mit kaltem Wasser zu einem festen Teig verkneten. In Folie wickeln und ½-¾ Stunden abkühlen lassen. Auf ein bemehltes Brett stürzen und schnell und leicht mischen, bis eine glatte Masse entsteht. Zu einem dünnen Kreis ausrollen und eine Glas-, Porzellan- oder

Steingutform mit einem Durchmesser von 20 cm/8 auslegen. Den oberen Rand in kleine Schlitze drücken und dann mit einer Gabel einstechen. Offen auf VOLL für 6 Minuten garen, dabei den Topf zweimal wenden. Wenn der Teig an manchen Stellen vorgewölbt ist, drücken Sie ihn vorsichtig mit einer geschützten behandschuhten Hand nach unten. Alles mit Eigelb bestreichen und 1 Minute bei voller Hitze braten, um alle Löcher zu verschließen. Während der Zubereitung der Füllung stehen lassen.

Speckausstecher auf ein mit Küchenpapier ausgelegtes Backblech legen, mit einem weiteren Blatt Küchenpapier abdecken und unter Wenden der Pfanne 5 Minuten backen. Abgießen und leicht abkühlen lassen. Schneiden Sie jede Scheibe in drei Stücke und legen Sie sie auf den Boden des Gebäckbehälters. Die Eier mit Milch oder Sahne verquirlen und mit Salz und Pfeffer abschmecken. Vorsichtig in einen Pfannkuchen durch Speck abseihen und mit Muskatnuss bestreuen. Kochen Sie ohne Deckel 10-12 Minuten lang oder bis Blasen in der Mitte zu platzen beginnen, indem Sie den Topf viermal umdrehen. Vor dem Schneiden 10 Minuten stehen lassen. Warm oder kalt essen.

Käse-Tomaten-Quiche

Für 4–6 Portionen

Zubereiten wie Quiche Lorraine, aber statt Speck drei geschälte und gehackte Tomaten ersetzen.

Räucherlachs-Quiche

Für 4–6 Portionen

Wie Quiche Lorraine zubereiten, aber den Speck durch 175 g in Streifen geschnittenen Räucherlachs ersetzen.

Garnelen-Quiche

Für 4–6 Portionen

Wie Quiche Lorraine zubereiten, aber den Speck durch 175 g gehackte Garnelen (Garnelen) ersetzen.

Spinatquiche

Für 4–6 Portionen

Wie Quiche Lorraine zubereiten, aber den Boden des Kuchens anstelle des Specks mit 175 g gekochtem Spinat bedecken, aus dem Sie das gesamte Wasser ausgepresst haben. (Der Spinat muss möglichst trocken sein, sonst wird der Teig (Paste) matschig.)

Mediterrane Quiche

Für 4–6 Portionen

Wie Quiche Lorraine zubereiten, aber den Boden des Kuchens mit 185 g 185 g Thunfischflocken und Öl, 12 entkernten schwarzen Oliven und 20 ml/4 TL Tomatenpüree (Paste) bedecken. Speck.

Spargel-Quiche

Für 4–6 Portionen

Wie Quiche Lorraine zubereiten, aber den Speck durch 350 g Spargelstangen ersetzen. Gründlich abtropfen lassen, sechs Stangen aufheben und den Rest hacken. Verwenden Sie, um den Boden des Flans zu bedecken. Mit den reservierten Splittern garnieren.

Gekochte Walnüsse

Für 4–6 Portionen

225 g/8 oz/2 Tassen Walnusshälften

50 g Butter

10 ml/2 TL Maisöl

5 ml/1 Teelöffel Senfpulver

5 ml/1 Teelöffel Paprika

5 ml/1 Teelöffel Selleriesalz

5 ml/1 Teelöffel Zwiebelsalz

2,5 ml/½ Teelöffel Chilipulver

Salz

Walnusshälften rösten. Butter und Öl in einem flachen Topf ohne Deckel 1,5 Minuten bei voller Leistung erhitzen. Fügen Sie die Nüsse hinzu und schwenken Sie sie vorsichtig mit der Butter und dem Öl, bis alles gut vermischt ist. Unbedeckt lassen und 3-4 Minuten bei voller Hitze garen, dabei oft wenden und genau beobachten, ob sie zu sehr zu bräunen beginnen. Auf Küchenpapier abtropfen lassen. Senfpulver, Paprikapulver, Selleriesalz, Zwiebelsalz, Chilipulver und Salz nach Geschmack in eine Plastiktüte geben. In einem luftdichten Behälter aufbewahren.

Gedämpfte Walnüsse für Curry

Für 4–6 Portionen

225 g/8 oz/2 Tassen gedämpfte Walnüsse, grob in Scheiben geschnitten

50 g Butter

10 ml/2 TL Maisöl

20 ml/4 TL mildes, mittleres oder scharfes Curry

Salz

Die Paranüsse rösten. Butter und Öl in einem flachen Topf ohne Deckel 1,5 Minuten bei voller Leistung erhitzen. Fügen Sie die Nüsse hinzu und schwenken Sie sie vorsichtig mit der Butter und dem Öl, bis alles gut vermischt ist. Unbedeckt lassen und 3-4 Minuten bei voller Hitze garen, dabei oft wenden und genau beobachten, ob sie zu sehr zu bräunen beginnen. Auf Küchenpapier abtropfen lassen. In einer Plastiktüte mit Currypulver und Salz abschmecken. In einem luftdichten Behälter aufbewahren.

Flan mit Blauschimmelkäse und Pekannüssen

Für 4–6 Portionen

Eine raffinierte Ergänzung der Quiche-Familie.

Für Gebäck (Paste):

175 g/6 oz/1½ Tassen einfaches (Allzweck-)Mehl

1,5 ml/¼ Teelöffel Salz

100 g / 3½ oz / knapp ½ Tasse Butter gemischt mit Margarine, weißem Fett oder Schmalz, oder verwenden Sie reine Margarine

45 ml/3 EL fein gehackte Pekannüsse

1 kleines Eigelb

Für die Füllung:

200 g/7 oz/weniger 1 Tasse Vollfett-Frischkäse

30-45ml/2-3 EL gehackter Schnittlauch oder Frühlingszwiebel(n)

125 g/4 oz/großzügig 1 Tasse Blauschimmelkäse, zerkrümelt

5 ml/1 Teelöffel Paprika

3 Eier

60 ml/4 Esslöffel Vollmilch oder (helle) Sahne zum einmaligen Gebrauch

Salz und frisch gemahlener schwarzer Pfeffer

Für die Teigzubereitung Mehl und Salz in eine Schüssel sieben. Reiben Sie das Fett ein, bis die Mischung wie feine Semmelbrösel aussieht, und fügen Sie dann die gehackten Nüsse hinzu. Mit kaltem Wasser zu einem festen Teig verrühren. In Folie wickeln und ½-¾

Stunden abkühlen lassen. Auf ein bemehltes Brett stürzen und schnell und leicht mischen, bis eine glatte Masse entsteht. Zu einem dünnen Kreis ausrollen und eine Glas-, Porzellan- oder Steingutform mit einem Durchmesser von 20 cm/8 auslegen. Den oberen Rand in kleine Schlitze drücken, dann das Ganze mit einer Gabel einstechen. Offen auf VOLL für 6 Minuten garen, dabei den Topf zweimal wenden. Wenn der Teig an manchen Stellen vorgewölbt ist, drücken Sie ihn vorsichtig mit einer geschützten behandschuhten Hand nach unten. Alles mit Eigelb bestreichen und 1 Minute bei voller Hitze braten, um alle Löcher zu verschließen. Während der Zubereitung der Füllung stehen lassen.

Die Zutaten für die Füllung in eine Küchenmaschine geben, mit Salz und Pfeffer würzen und zu einer glatten Masse verarbeiten. Glatt in einem Flan-Wrapper (Kuchen-Wrapper) verteilen. 14 Minuten im Auftaumodus garen, dabei den Behälter dreimal wenden. 5 Minuten stehen lassen. Warm oder kalt essen.

Reichhaltige Leberpastete

Für 8-10 Personen

Ausgezeichnet serviert mit heißem Toast auf Partys oder besonderen Abendessen.

250 g/9oz/großzügig 1 Tasse Butter

1 Knoblauchzehe, zerdrückt

450 g Hähnchenbrust

1,5 ml/¼ Teelöffel geriebene Muskatnuss

Salz und frisch gemahlener schwarzer Pfeffer

175 g Butter in eine 1,75-l-Schüssel geben und unbedeckt 2 Minuten schmelzen. Knoblauch einrühren. Stechen Sie jedes Stück Hühnerleber mit der Spitze eines Messers ein und geben Sie es zu den Speisen. Mit Butter gut verrühren. Mit einem Teller abdecken und zweimal 8 Minuten mischen. Muskat unterrühren, dann gut abschmecken. In zwei batc

Scharf-saure Krabbensuppe

Serviert 6

Ein reicher Beitrag aus China, ein leicht gemachtes Vergnügen.

1 Liter/1¾ Punkte/4¼ Tassen Geflügelfond

225 g/7 oz/1 kleine Dose Wasserkastanien, grob gehackt

225 g/7 oz/1 kleine Dose gehackte Bambussprossen in Wasser

75 g Champignons in dünne Scheiben schneiden

150 g Tofu, in kleine Würfel geschnitten

175 g/6 oz/1 kleine Dose Krabbenfleisch in Salzlake, abgetropft und geflockt

15 ml/1 Esslöffel Maismehl

15 ml/1 Esslöffel Wasser

30 ml/2 Löffel Malzessig

15 ml/1 Esslöffel Sojasauce

5 ml/1 Teelöffel Sesamöl

2,5 ml/½ Teelöffel Salz

1 großes Ei, geschlagen

Gießen Sie die Brühe in eine 2-Liter-/3½-Punkt-/8½-Tassen-Schüssel. Fügen Sie den Inhalt von Dosen mit Wasserkastanien und Bambussprossen hinzu. Fügen Sie die Pilze und den Tofu sowie den Inhalt der Dose Krabbenfleisch hinzu. Aufsehen. Decken Sie die Schüssel mit Folie (Plastikfolie) ab und schneiden Sie sie zweimal durch, damit der Dampf entweichen kann. 15 Minuten voll garen.

Decken Sie vorsichtig ab, um Dampfverbrennungen zu vermeiden, und rühren Sie gut um, um die Mischung zu mischen. Das Maismehl mit Wasser und Essig glatt rühren, dann die restlichen Zutaten unterrühren. Vorsichtig in die Suppe einrühren. Zugedeckt wie zuvor 4 Minuten garen. Umrühren und mit einem großen Teller oder Topfdeckel abdecken. 2 Minuten stehen lassen. Heiß in Porzellanschälchen servieren.

Leichte orientalische Suppe

3-4 Portionen

400 ml/16 fl oz/1 große Dose Mulligatawny-Suppe
400 ml/16 fl oz/1 große Dose Kokosmilch
Salz
Chilipulver
Gehackter Koriander (Koriander)
Popadoms, zu dienen

Gießen Sie Suppe und Kokosmilch in eine 1,75-l-Schüssel. Salz nach Geschmack hinzufügen. Ganze 7-8 Minuten unbedeckt erhitzen und dabei zweimal umrühren. In warme Schalen füllen, mit Chilipulver und Koriander bestreuen und mit Popad servieren.

Suppe mit Leberknödel

Serviert 4

50 g/2 oz/1 Tasse frische weiße Semmelbrösel
50 g/2 oz/½ Tasse Hähnchenbrust, gemahlen (gehackt)
15 ml/1 Esslöffel sehr fein gehackte Petersilie, plus extra zum Garnieren
5 ml/1 TL geriebene Zwiebel
1,5 ml/¼ Teelöffel Majoran
1,5 ml/¼ Teelöffel Salz
Frisch gemahlener schwarzer Pfeffer
½ Ei, geschlagen
750 ml/1¼ Punkte/3 Tassen reine Rinder- oder Hühnerbrühe oder verdünntes Fleischkonzentrat aus der Dose

Alle Zutaten, bis auf die Brühe oder Brühe, in eine Rührschüssel geben. Gründlich mischen und 12 kleine Knödel formen. Gießen Sie die Brühe oder Brühe in eine tiefe 1,5-Liter-Schüssel und decken Sie sie mit einem Teller ab. Zum Kochen bringen, ca. 8-10 Minuten ziehen lassen. Knödel hinzufügen. Ohne Deckel 3-4 Minuten kochen, bis die Gnocchi aufgegangen sind und oben auf der Suppe schwimmen. In warme Schalen füllen, mit Petersilie bestreuen und sofort servieren.

Cremige Karottensuppe

Serviert 6

30 ml/2 EL Maismehl (Maisstärke)
550 g/1¼ lb/1 große Dose Karotten
450 ml/¾ Punkt/2 Tassen kalte Milch
7,5–10 ml/1½–2 TL Salz
300 ml/½ Punkt/1¼ Tasse heißes Wasser
60 ml/4 Esslöffel einzelne (helle) Sahne

Das Maismehl in eine Schüssel mit 3 Quart/5¼ pt/12 Tassen geben. Mit der Flüssigkeit aus der Karottendose gut vermischen. Die Karotten in einem Mixer oder einer Küchenmaschine zu einem Brei pürieren. Mit Milch und Salz in eine Schüssel geben. Unbedeckt auf hoher Stufe 12 Minuten kochen, bis es eingedickt ist, dabei vier- bis fünfmal vorsichtig schlagen, um eine glatte Konsistenz zu gewährleisten. Mit heißem Wasser verdünnen. In vorgewärmte Schüsseln geben und in jede Portion 10 ml/2 TL Sahne einrühren.

Gekühlte Karotten-Lauch-Suppe

Serviert 6

1 großer Lauch, gehackt und gründlich gewaschen
4 große Karotten, in dünne Scheiben geschnitten
3 kleine bis mittelgroße Kartoffeln, in kleine Würfel geschnitten
150 ml/¼ pt/2/3 Tasse heißes Wasser
600 ml/1 Pt/2½ Tassen Gemüsebrühe
300 ml/½ Punkt/1¼ Tasse einzelne (leichte) Sahne
Salz und frisch gemahlener schwarzer Pfeffer
Gehackte Brunnenkresse

Den Lauch grob hacken. Geben Sie das gesamte Gemüse in eine 2-Liter-/3½-Punkte-/8½-Tassen-Schüssel mit heißem Wasser. Mit Folie (Plastikfolie) abdecken und zweimal durchschneiden, damit der Dampf entweichen kann. 15 Minuten auf hoher Stufe garen, bis das Gemüse weich ist. Mit der Flüssigkeit aus der Schüssel in einen Mixer oder eine Küchenmaschine geben und zu einem glatten Püree verarbeiten, bei Bedarf etwas Brühe hinzufügen. In eine große Schüssel reiben und die restliche Brühe einrühren. Abdecken und kühl stellen. Vor dem Servieren die Sahne leicht schlagen und würzen. In Suppengläser füllen und jeweils mit Brunnenkresse bestreuen.

Karotten und Koriander Suppe

Serviert 6

Wie eine cremige Karottensuppe zubereiten, aber in einem Mixer oder einer Küchenmaschine eine Handvoll frischer Korianderblätter zu den Karotten geben. Sahne kann optional hinzugefügt werden.

Karotte mit Orangensuppe

Serviert 6

Zubereiten wie Karottencremesuppe, aber nach halber Garzeit 10 ml/2 TL geriebene Orangenschale in die Suppe geben. Bedecken Sie jede Portion mit Schlagsahne, der Sie etwas Grand Marnier hinzugefügt haben.

Salatcremesuppe

Serviert 6

75 g/3 oz/1/3 Tasse Butter oder Margarine
2 Zwiebeln, gerieben
225 g runder weicher Salat in Streifen geschnitten
600 ml/1 Punkt/2½ Tassen Vollmilch
30 ml/2 EL Maismehl (Maisstärke)
300 ml/½ Punkt/1¼ Tasse heißes Wasser oder Gemüsebrühe
2,5 ml/½ Teelöffel Salz

50 g/2 oz/¼ Tasse Butter oder Margarine in einer 1,75 L/3 pt/7½ Tasse Auftauschüssel 2 Minuten lang schmelzen. Zwiebel und Salat mischen. Mit einem Teller abdecken und 3½ Minuten bei voller Hitze garen. Mit einem Drittel der Milch in einen Mixer geben. Zu einem glatten Püree verarbeiten. Kehre in die Schüssel zurück. Speisestärke mit 60 ml/4 EL der restlichen Milch glatt rühren. Restliche Milch, heißes Wasser oder Brühe und Salz in die Suppe geben. Ohne Deckel 15 Minuten bei voller Hitze garen, dabei häufig umrühren, um es glatt zu machen. In vorgewärmten Schüsseln mit jeweils 5 ml/1 TL Butter servieren.

Grüne Püreesuppe

Für 4–6 Portionen

1 großer runder Salat
125 g Brunnenkresse oder junger Spinat
1 Lauch, nur der weiße Teil, in Scheiben geschnitten
300 ml/½ Punkt/1¼ Tasse heißes Wasser
60 ml/4 EL Maismehl (Maisstärke)
300 ml/½ Punkt/1¼ Tasse kalte Milch
25 g/1 oz/2 EL Butter oder Margarine
Salz
Croûtons zum Servieren

Kopfsalat und Brunnenkresse oder Spinat gründlich waschen und raspeln. Mit dem Lauch und dem Wasser in eine 1,5-Liter-Schüssel geben. Mit Folie (Plastikfolie) abdecken und zweimal durchschneiden, damit der Dampf entweichen kann. Volle 10 Minuten garen, dabei den Topf zweimal wenden. 10 Minuten abkühlen lassen. In einen Mixer geben und zu einem glatten Püree verarbeiten. Kehre in die Schüssel zurück. Maismehl mit Milch glatt rühren. In eine Schüssel mit Butter oder Margarine geben und mit Salz abschmecken. Kochen Sie unbedeckt auf hoher Stufe unter dreimaligem Rühren 8-10 Minuten lang oder bis sie heiß und leicht eingedickt ist. In vorgewärmte Suppentassen füllen und jeweils mit Croutons belegen.

Pastinaken-Petersilien-Suppe mit Wasabi

Serviert 6

Mit einem feinen Hauch von Meerrettich aus Wasabi ist dies eine faszinierend aromatisierte, sehr originelle Suppe mit einem subtilen Hauch von Süße aus den Pastinaken.

30 ml/2 Esslöffel Mais- oder Sonnenblumenöl
450 g Pastinaken, geschält und in Scheiben geschnitten
900 ml/1½ Punkte/3¾ Tassen gut gewürzte heiße Gemüse- oder Hühnerbrühe
10 ml/2 TL japanisches Wasabi-Pulver
30 ml/2 Esslöffel gehackte Petersilie
150 ml/¼ pt/2/3 Tasse einfache (leichte) Sahne

Gießen Sie das Öl in eine 2 Liter/3½ Punkte/8½ Tassen Schüssel. Pastinaken hinzufügen. Mit Folie (Plastikfolie) abdecken und zweimal durchschneiden, damit der Dampf entweichen kann. Volle 7 Minuten garen, dabei den Topf zweimal wenden. Brühe und Wasabipulver hinzugeben. Mit einem Teller abdecken und 6 Minuten garen. Etwas abkühlen lassen und dann in einem Mixer glatt pürieren. Kehre in die Schüssel zurück. Petersilie unterrühren. Zugedeckt wie zuvor 5 Minuten garen. Sahne unterrühren und servieren.

SÜßE KARTOFFELSUPPE

Serviert 6

Machen Sie wie eine Pastinaken-Petersilien-Suppe mit Wasabi, aber ersetzen Sie die Pastinaken durch geschnittene Süßkartoffeln mit Orangenmark.

Cremige Gemüsesuppe

Für 4–6 Portionen

Eine sehr nützliche Suppe - verwenden Sie eine beliebige Kombination von Gemüse, die Sie mögen oder zur Verfügung haben.

450 g gemischtes frisches Gemüse
1 Zwiebel, gehackt
25 g/1 oz/2 EL Butter oder Margarine oder 30 ml/2 EL Sonnenblumenöl
175 ml/6 fl oz/¾ Tasse Wasser
450 ml/¾ pt/2 Tassen Milch oder gemischte Milch und Wasser
15 ml/1 Esslöffel Maismehl (Maisstärke)
2,5 ml/½ Teelöffel Salz
Gehackte Petersilie

Das Gemüse bereiten wir sortenrein zu und schneiden es in kleine Stücke. In eine 2-Liter-/3½-Punkt-/8½-Tassen-Schüssel mit Zwiebel, Butter, Margarine oder Öl und 30 ml/2 EL Wasser geben. Mit einem Teller abdecken und bei voller Hitze 12–14 Minuten garen, bis sie weich sind, dabei viermal umrühren. In einem Mixer fein pürieren. Zurück in die Schüssel mit drei Viertel der Milch oder Milch und Wasser. Das Maismehl gründlich mit der restlichen Flüssigkeit vermischen und mit dem Salz in die Schüssel geben. Ohne Deckel 6 Minuten bei voller Hitze garen, dabei viermal umrühren. In Suppentassen füllen und jeweils mit Petersilie bestreuen.

Grüne Erbsensuppe

Für 4–6 Portionen

Bereiten Sie die Zubereitung wie bei der cremigen Gemüsesuppe vor, ersetzen Sie jedoch das gemischte Gemüse und die Zwiebeln durch 450 g gefrorene Gartenerbsen. Anstelle von Petersilie leicht mit gehackter Minze garnieren.

Kürbissuppe

Für 4–6 Portionen

Als cremige Gemüsesuppe zubereiten, aber das gemischte Gemüse und die Zwiebeln durch 450 g geschälte und gewürfelte Zucchini, Mark, Kürbis, Butternusskürbis oder Turbankürbis ersetzen. Jede Portion mit geriebener Muskatnuss statt Petersilie bestreuen.

Cremige Pilzsuppe

Für 4–6 Portionen

Zubereiten wie eine cremige Gemüsesuppe, aber die Gemüse-Zwiebel-Mischung durch Pilze ersetzen.

Kürbiscremesuppe

6-8 Portionen

Hauptsächlich für Halloween, aber die Suppe ist wunderbar gekühlt, also frieren Sie alle Reste ein oder machen Sie eine Extraportion, während Kürbisse Saison haben, und bewahren Sie sie für den Frühsommer auf.

1,75 kg/4 lb frischer Kürbis, entweder in Stücke geschnitten oder ganz
2 Zwiebeln, grob gehackt
15–20 ml/3–4 TL Salz
600 ml/1 Punkt/2½ Tassen Vollmilch
15 ml/1 Esslöffel Maismehl (Maisstärke)
30 ml/2 Esslöffel kaltes Wasser
2,5 ml/½ TL geriebene Muskatnuss
Croûtons zum Servieren (optional)

Schneide den Kürbis wie eine Wassermelone in Kreise. Entfernen Sie die Samen und waschen und trocknen Sie sie. In einer Schicht auf einem Teller anrichten. Ohne Deckel 4 Minuten leicht braten. Abkühlen lassen, dann die Schalen öffnen und die inneren Kerne entfernen. Eine Reservierung machen. Den Kürbis schälen und das Fruchtfleisch in ziemlich große Würfel schneiden. Mit der Zwiebel in eine große Schüssel geben und gut vermischen. Mit Frischhaltefolie (Plastikfolie) fest abdecken, aber nicht schneiden. Volle 30 Minuten garen, dabei die Schüssel viermal drehen. Aus dem Ofen nehmen und 10 Minuten stehen lassen. Kürbis, Zwiebel und Kochflüssigkeit in mehreren Portionen in einem Mixer oder einer Küchenmaschine zu einem Brei pürieren. Kehre in die Schüssel zurück. Salz und Milch einrühren. Das Maismehl mit Wasser glatt rühren und mit Muskat zum Brei geben. Ohne Deckel die vollen 7 Minuten erhitzen und dabei jede Minute umrühren.

Cock-a-leekie-Suppe

6-8 Portionen

4 Portionen Huhn
4 Lauch, grob gerieben
1,25 Liter/2¼ Punkte/5½ Tassen heißes Wasser
10 ml/2 TL Salz
1 Tüte Bouquet garni
50 g/2 oz/¼ Tasse leicht gekochter Langkornreis
12 entkernte Pflaumen

Waschen Sie das Hähnchen und legen Sie es in eine 20 cm/8 tiefe Auflaufform (Dutch Oven). Fügen Sie den Lauch hinzu. Mit Folie (Plastikfolie) abdecken und zweimal durchschneiden, damit der Dampf entweichen kann. 12 Minuten voll garen. Das Huhn aus der Schüssel nehmen, das Fleisch von den Knochen befreien und in mundgerechte Stücke schneiden. Eine Reservierung machen. Gießen Sie das Wasser in die zweite große Schüssel. Salzen und Bouquet garni mit Reis,

Lauch und Flüssigkeit aus dem Auflauf zugeben. Mit einem Teller abdecken und 18 Minuten garen. Rühren Sie das Huhn und die Pflaumen ein. Zudecken wie zuvor und weitere 3 Minuten garen. Sehr heiß essen.

Scotchsuppe

Serviert 6

30 ml/2 Esslöffel Graupen
225 g Lammfilet in mundgerechte Würfel geschnitten
1,2 Liter/2 Punkte/5 Tassen heißes Wasser
1 große Zwiebel, gehackt
1 Karotte, in kleine Würfel geschnitten
1 kleine Rübe, in kleine Würfel geschnitten
1 kleiner Lauch, gerieben
Salz und frisch gemahlener schwarzer Pfeffer
Gehackte Petersilie

Die Gerste 4 Stunden in 75 ml/5 EL kaltem Wasser einweichen. Freigeben. Legen Sie das Lamm in eine 2,25-l-/4-Punkte-/10-Tassen-Schüssel. Fügen Sie heißes Wasser und Gerste hinzu. Mit einem Teller abdecken und 4 Minuten bei voller Hitze garen. Überfliegen. Das vorbereitete Gemüse sowie Salz und Pfeffer abschmecken. Zugedeckt wie zuvor 25-30 Minuten garen, bis die Gerste weich ist. 5 Minuten stehen lassen. In vorgewärmte Suppentassen schöpfen und großzügig mit Petersilie bestreuen.

Israelische Hühnchen-Avocado-Suppe

Für 4–5 Personen

900 ml/1½ Punkte/3¾ Tassen gut gewürzte Hühnerbrühe
1 große reife Avocado, geschält und entkernt
30 ml/2 Esslöffel frischer Zitronensaft

Gießen Sie die Hühnerbrühe in eine 1,5-Liter-/2½-Punkt-/6-Tassen-Schüssel. Mit einem Teller abdecken und 9 Minuten auf Vollgas erhitzen. Das Avocado-Fruchtfleisch mit Zitronensaft zu einer dicken Paste pürieren. In die heiße Brühe rühren. Wie zuvor abdecken und 1 Minute lang erhitzen. Heiß servieren.

Avocadosuppe mit Rüben

Für 4–5 Personen

Als israelische Hühnchen-Avocado-Suppe zubereiten und jede Portion mit 7,5 ml/1½ TL geriebener gekochter Rote Bete (Rote Bete) garnieren.

Borsch

Serviert 6

450g/1lb rohe Rote Bete (Rote Bete)

75 ml/5 Esslöffel Wasser

1 große Karotte, geschält und gerieben

1 kleine Rübe, geschält und geraspelt

1 Zwiebel, geschält und gerieben

750 ml/1¼ Punkte/3 Tassen heiße Rinder- oder Gemüsebrühe

125 g Weißkohl, gerieben

15 ml/1 Esslöffel Zitronensaft

5 ml/1 TL Salz

Frisch gemahlener schwarzer Pfeffer

90 ml/6 EL saure (milchsaure) Sahne

Rote Bete gründlich waschen, aber ungeschält lassen. In eine 20 cm/8 flache Schale in einer einzigen Schicht mit Wasser geben. Mit Folie (Plastikfolie) abdecken und zweimal durchschneiden, damit der Dampf entweichen kann. 15 Minuten voll garen. Karotten, Brunnenkresse und Zwiebel in eine 2-Liter-/3½-Liter-/8½-Tassen-Schüssel geben. Die Rote Beete abtropfen lassen, schälen und hacken. 150 ml/¼ Pt/2/3

Tasse Brühe in die Schüssel mit dem Gemüse geben. Wie zuvor abdecken und 10 Minuten lang garen. Restliche Brühe und alle restlichen Zutaten außer Sauerrahm daruntermischen, abschmecken. Mit einem Teller abdecken und volle 10 Minuten garen, dabei viermal umrühren. In vorgewärmte Suppentassen füllen und jeweils mit 15 ml/1 TL Sauerrahm garnieren.

Kalter Bortsch

Serviert 6

Wie Bortsch zubereiten und abkühlen lassen. Kalt abseihen. Fügen Sie 150 ml/¼ pt/2/3 Tasse kaltes Wasser und 1 große gekochte Rote Bete, grob geraspelt, hinzu. 15 Minuten stehen lassen. Nochmals abseihen. Fügen Sie nach Geschmack zusätzlichen Zitronensaft hinzu. Vor dem Servieren mehrere Stunden abkühlen lassen.

Cremig kalter Bortsch

Serviert 6

Wie kalten Bortsch zubereiten. Nach dem zweiten Sieb in einem Mixer oder einer Küchenmaschine mit 250 ml/ 8 fl oz/1 Tasse halbfetter Crème Fraîche pürieren. Sich beruhigen.

Orangen-Linsen-Suppe

Für 4–5 Personen

125 g/4 oz/½ Tasse orangefarbene Linsen
1 große Zwiebel, gerieben
1 große Karotte, gerieben
½ kleine Rübe, gerieben
1 Kartoffel, gerieben
20 ml/4 TL Butter oder Margarine
5 ml/1 Teelöffel Mais- oder Sonnenblumenöl
30 ml/2 Esslöffel gehackte Petersilie, plus extra zum Garnieren
900 ml/1½ Punkte/3¾ Tassen heiße Hühner- oder Gemüsebrühe
Salz und frisch gemahlener schwarzer Pfeffer

Linsen waschen und abtropfen lassen. Gemüse, Butter oder Margarine und Öl in eine 2-Quart/3½-Point/8½-Cup-Schüssel geben. Fügen Sie die Petersilie hinzu. 5 Minuten ohne Deckel garen und dreimal umrühren. Linsen und ein Drittel der heißen Brühe unterrühren. Nach Geschmack würzen. Mit Folie (Plastikfolie) abdecken und zweimal durchschneiden, damit der Dampf entweichen kann. 10 Minuten auf hoher Stufe kochen, bis die Linsen weich sind. (Falls nicht, weitere 5-6 Minuten garen.) In einen Mixer oder eine Küchenmaschine geben und grob verarbeiten. Mit der restlichen Brühe in die Schüssel zurückgeben. Mit einem Teller abdecken und volle 6 Minuten erhitzen, dabei dreimal umrühren. Sofort servieren und jede Portion mit Petersilie bestreuen.

Orangen-Linsen-Suppe mit Käse und gerösteten Cashewnüssen

Für 4–5 Personen

Machen Sie es wie eine Orangen-Linsen-Suppe, aber rühren Sie nach dem letzten Kochen 60 ml/4 EL geriebenen Eidam-Käse und 60 ml/4 EL grob gehackte geröstete Cashewnüsse ein.

Linsensuppe mit Tomatengarnitur

Für 4–5 Personen

Machen Sie es wie eine Orangen-Linsen-Suppe, aber anstatt mit Petersilie zu bestreuen, fügen Sie jeder Portion 5 ml / 1 TL sonnengetrocknete Tomatenpaste hinzu und garnieren Sie sie dann mit einer Scheibe frischer Tomate.

Gelbe Erbsensuppe

6-8 Portionen

Die schwedische Version der Erbsensuppe, die in Schweden jeden Donnerstag gegessen wird. Es folgen normalerweise Pfannkuchen und Marmelade.

350 g gelbe Erbsen, gewaschen
900 ml/1½ Punkte/3¾ Tassen kaltes Wasser
5 ml/1 TL Majoran
1 Schinkenknochen, ca. 450-500 g/1 lb
750 ml/1¼ Punkte/3 Tassen heißes Wasser
5–10 ml/1–2 TL Salz

Die Spalterbsen in eine Rührschüssel geben. Kaltes Wasser hinzufügen. Mit einem Teller abdecken und 6 Minuten garen. 3 Stunden stehen lassen. Erbsen und Einweichwasser in eine Schüssel mit 2,5 l Fassungsvermögen geben. Den Majoran einrühren und den Schinkenknochen hinzufügen. Mit Folie (Plastikfolie) abdecken und zweimal durchschneiden, damit der Dampf entweichen kann. 30 Minuten voll garen. Halb heißes Wasser einrühren. Zugedeckt wie zuvor weitere 15 Minuten garen. Entfernen Sie den Knochen. Wir entfernen das Fleisch vom Knochen und schneiden es in kleine Stücke. Mit dem restlichen heißen Wasser zur Suppe zurückkehren. Mit Salz. Gut mischen. Mit einem Teller abdecken und 3 Minuten auf Vollgas erhitzen. Die Suppe kann nach Bedarf mit abgekochtem Wasser verdünnt werden.

französische Zwiebelsuppe

Serviert 6

30 ml/2 Esslöffel Butter, Margarine oder Sonnenblumenöl
4 Zwiebeln in dünne Scheiben schneiden und in Ringe teilen
20 ml/4 TL Maismehl (Maisstärke)
900 ml/1½ Punkte/3¾ Tassen heiße Rinderbrühe oder Brühe
Salz und frisch gemahlener schwarzer Pfeffer
6 Scheiben französisches Brot, diagonal geschnitten
90 ml/6 EL geriebener Greyerzer (Schweizer) oder Jarlsberg-Käse
Rote Paprika

Butter, Margarine oder Öl in eine 2-Quart/3½-Point/8½-Cup-Schüssel geben. Unbedeckt volle 2 Minuten erhitzen. Rühren Sie die Zwiebelringe in die Schüssel. Offen 5 Minuten bei voller Hitze garen.

Maismehl unterrühren. Die Hälfte der heißen Brühe nach und nach unterrühren. Decken Sie den Behälter mit Folie (Plastikfolie) ab und schneiden Sie ihn zweimal durch, damit der Dampf entweichen kann. 30 Minuten bei voller Leistung garen, dabei den Topf viermal wenden. Mit der restlichen Brühe aufgießen und würzen. Gut mischen. Gießen Sie die Suppe in sechs Schüsseln und fügen Sie jeweils eine Scheibe Brot hinzu. Mit Käse und Paprika bestreuen. Stellen Sie jede Schüssel einzeln in die Mikrowelle und erhitzen Sie sie ganze 1½ Minuten lang, bis der Käse geschmolzen ist und Blasen wirft. Jetzt essen.

Minestrone

Für 8-10 Personen

350 g Zucchini (Zucchini), in dünne Scheiben geschnitten

225 g Karotten, in dünne Scheiben geschnitten

225 g Zwiebel, grob gehackt

125 g Weißkohl, gerieben

125 g Grünkohl, gerieben

3 Stangen Sellerie, in dünne Scheiben geschnitten

3 Kartoffeln, in Würfel geschnitten

125 g/4 oz/1 Tasse frische oder gefrorene Erbsen

125 g frische oder gefrorene grüne Bohnen, in Scheiben geschnitten

400g/14oz/1 große Dose Tomaten

30 ml/2 Löffel Tomatenpüree (Paste)
50 g Makkaroni, in kurze Stücke geschnitten
1 Liter/1¾ Punkte/4¼ Tassen heißes Wasser
15–20 ml/3–4 TL Salz
100 g/3½ oz/1 Tasse geriebener Parmesankäse

Geben Sie das gesamte vorbereitete Gemüse in eine 3,5-Liter-/6-Punkte-/15-Tassen-Schüssel. Rühren Sie die restlichen Zutaten außer Wasser und Salz ein und schlagen Sie die Tomaten mit der Rückseite eines Holzlöffels gegen den Rand der Schüssel. Mit einem großen Teller abdecken und volle 15 Minuten garen, dabei dreimal umrühren. Etwa drei Viertel heißes Wasser einrühren. Zudecken wie zuvor und volle 25 Minuten garen, dabei vier- oder fünfmal umrühren. Aus der Mikrowelle nehmen. Rühren Sie das restliche Wasser und Salz nach Geschmack ein. Wenn die Suppe zu dick erscheint, verdünnen Sie sie mit zusätzlichem kochendem Wasser. In tiefe Schalen füllen und separat mit Parmesankäse servieren.

Minestrone Genovese

Für 8-10 Personen

Als Minestrone zubereiten, aber vor dem Servieren 30ml/2 EL des fertigen grünen Pestos unterrühren.

Italienische Kartoffelsuppe

Für 4–5 Personen

1 große Zwiebel, gehackt
30 ml/2 Esslöffel Oliven- oder Sonnenblumenöl
4 große Kartoffeln
1 kleiner gekochter Schinkenknochen
1,25 Liter/2¼ Punkte/5½ Tassen heiße Hühnerbrühe
Salz und frisch gemahlener schwarzer Pfeffer
60 ml/4 Esslöffel einzelne (helle) Sahne
Geriebene Muskatnuss
30 ml/2 Esslöffel gehackte Petersilie

Zwiebel und Öl in eine Schüssel mit 2,25 L/4 pt/10 Tassen geben. Ohne Deckel 5 Minuten auftauen lassen und zweimal umrühren. In der Zwischenzeit die Kartoffeln schälen und raspeln. Die Zwiebel untermischen und Schinkenknochen, heiße Brühe sowie Salz und Pfeffer nach Geschmack hinzufügen. Mit einem Teller abdecken und 15-20 Minuten kochen, dabei zweimal umrühren, bis die Kartoffeln weich sind. Sahne unterrühren, in Suppentassen füllen und mit Muskatnuss und Petersilie bestreuen.

Frische Tomaten-Sellerie-Suppe

6-8 Portionen

900 g reife Tomaten, blanchiert, geschält und geviertelt
50 g Butter oder Margarine oder 30 ml Olivenöl
2 Stangen Sellerie, fein gehackt
1 große Zwiebel fein gehackt
30 ml/2 Esslöffel dunkelbrauner Zucker
5 ml/1 Teelöffel Sojasauce
2,5 ml/½ Teelöffel Salz
300 ml/½ Punkt/1¼ Tasse heißes Wasser

30 ml/2 EL Maismehl (Maisstärke)
150 ml/¼ pt/2/3 Tasse kaltes Wasser
Mittlerer Sherry

Die Tomaten in einem Mixer oder einer Küchenmaschine pürieren. Butter, Margarine oder Öl in eine 1,75-Liter-Schüssel geben. 1 Minute bei voller Leistung erhitzen. Sellerie und Zwiebel unterrühren. Mit einem Teller abdecken und 3 Minuten garen. Passierte Tomaten, Zucker, Sojasauce, Salz und heißes Wasser hinzugeben. Zudecken wie zuvor und volle 8 Minuten kochen, dabei viermal umrühren. In der Zwischenzeit Maismehl mit kaltem Wasser glatt rühren. In die Suppe mischen. Ohne Deckel 8 Minuten bei voller Hitze kochen, dabei viermal umrühren. In Suppentassen füllen und jeweils einen Schuss Sherry hinzugeben.

Tomatensuppe mit Avocado-Dressing

Serviert 8

2 reife Avocados
Saft von 1 kleinen Limette
1 Knoblauchzehe, zerdrückt
30 ml/2 Esslöffel Senfmayonnaise
45 ml/3 Löffel Crème fraîche
5 ml/1 TL Salz
Eine Prise Kurkuma
600 ml/20 fl oz/2 Dosen Kondensierte Tomatensuppe

600 ml/1 Punkt/2½ Tassen warmes Wasser
2 Tomaten, blanchiert, geschält, entkernt und geviertelt

Avocado schälen und halbieren, Kerne entfernen. Das Fruchtfleisch fein pürieren, dann mit Limettensaft, Knoblauch, Mayonnaise, Crème fraîche, Salz und Kurkuma mischen. Abdecken und bis zum Bedarf kühl stellen. Gießen Sie beide Suppendosen in eine 1,75-Liter-Schüssel. In Wasser leicht verquirlen. Das Fruchtfleisch der Tomaten in Streifen schneiden und zu zwei Dritteln in die Suppe geben. Decken Sie die Schüssel mit einem Teller ab und kochen Sie sie 9 Minuten lang auf hoher Stufe, bis sie sehr heiß ist, und rühren Sie sie vier- oder fünfmal um. In Suppentassen füllen und jeweils mit einem Klecks Avocado-Dressing toppen. Mit den restlichen Tomatenstreifen garnieren.

Gekühlte Käse- und Zwiebelsuppe

6-8 Portionen

25 g/1 oz/2 EL Butter oder Margarine
2 Zwiebeln, gehackt
2 Stangen Sellerie, fein gehackt
30 ml/2 Esslöffel einfaches (Allzweck-)Mehl
900 ml/1½ Punkte/3¾ Tassen warme Hühner- oder Gemüsebrühe
45 ml/3 Esslöffel trockener Weißwein oder weißer Portwein
Salz und frisch gemahlener schwarzer Pfeffer

125 g/4 oz/1 Tasse Blauschimmelkäse, zerkrümelt
125 g/4 oz/1 Tasse Cheddar-Käse, gerieben
150 ml/¼ pt/2/3 Tasse Schlagsahne
Fein gehackter Salbei, zur Dekoration

Butter oder Margarine in eine 2,25-Liter-Schüssel geben. Unbedeckt schmelzen und 1½ Minuten auftauen lassen. Zwiebel und Sellerie unterrühren. Mit einem Teller abdecken und 8 Minuten garen. Aus der Mikrowelle nehmen. Das Mehl einrühren, dann nach und nach die Brühe und den Wein oder Portwein untermischen. Wie zuvor zudecken und 10-12 Minuten auf hoher Stufe kochen, dabei alle 2-3 Minuten umrühren, bis die Suppe glatt, eingedickt und heiß ist. Nach Geschmack würzen. Käse hinzufügen und rühren, bis er geschmolzen ist. Abdecken und abkühlen lassen, dann mehrere Stunden oder über Nacht im Kühlschrank lagern. Vor dem Servieren die Sahne umrühren und vorsichtig unterrühren. In Gläser oder Schalen füllen und jeweils leicht mit Salbei bestreuen.

Käsesuppe nach Schweizer Art

6-8 Portionen

25 g/1 oz/2 EL Butter oder Margarine
2 Zwiebeln, gehackt
2 Stangen Sellerie, fein gehackt
30 ml/2 Esslöffel einfaches (Allzweck-)Mehl
900 ml/1½ Punkte/3¾ Tassen warme Hühner- oder Gemüsebrühe

45 ml/3 Esslöffel trockener Weißwein oder weißer Portwein

5 ml/1 Teelöffel Kreuzkümmel

1 Knoblauchzehe, zerdrückt

Salz und frisch gemahlener schwarzer Pfeffer

225 g/8 oz/2 Tassen Emmentaler oder Greyerzer (Schweizer) Käse, gerieben

150 ml/¼ pt/2/3 Tasse Schlagsahne

Croutons

Butter oder Margarine in eine 2,25-Liter-Schüssel geben. Unbedeckt schmelzen und 1½ Minuten auftauen lassen. Zwiebel und Sellerie unterrühren. Mit einem Teller abdecken und 8 Minuten garen. Aus der Mikrowelle nehmen. Das Mehl einrühren, dann nach und nach die Brühe und den Wein oder Portwein untermischen. Kreuzkümmel und Knoblauch unterrühren. Wie zuvor zudecken und 10-12 Minuten auf hoher Stufe kochen, dabei alle 2-3 Minuten umrühren, bis die Suppe heiß, glatt und eingedickt ist. Nach Geschmack würzen. Käse hinzufügen und rühren, bis er geschmolzen ist. Sahne einrühren. In Gläser oder Schalen füllen und heiß mit Croutons garniert servieren.

Avgolemono-Suppe

Serviert 6

1,25 Liter/2¼ Punkte/5½ Tassen heiße Hühnerbrühe

60 ml/4 Esslöffel Risottoreis

Saft von 2 Zitronen

2 große Eier
Salz und frisch gemahlener schwarzer Pfeffer

Gießen Sie die Brühe in eine 1,75 Liter tiefe Schüssel. Den Reis unterrühren. Mit einem Teller abdecken und 20-25 Minuten bei voller Hitze garen, bis der Reis weich ist. In einer Suppenschüssel oder einer anderen großen Servierschüssel den Zitronensaft und die Eier gründlich verquirlen. Brühe und Reis vorsichtig einrühren. Vor dem Servieren nach Geschmack würzen.

Cremige Gurkensuppe mit Pastis

6-8 Portionen

900 g Gurken, geschält
45 ml/3 Esslöffel Butter oder Margarine

30 ml/2 EL Maismehl (Maisstärke)
600 ml/1 Punkt/2½ Tassen Hühner- oder Gemüsebrühe
300 ml/½ Punkt/1¼ Tasse Schlagsahne
7,5–10 ml/1½–2 TL Salz
10 ml/2 Teelöffel Pernod oder Ricard (Pastis)
Frisch gemahlener schwarzer Pfeffer
Gehackter Dill (Dillkraut)

Die Gurke mit einer Reibe oder der Klinge einer Küchenmaschine in sehr dünne Scheiben schneiden. In eine Schüssel geben, abdecken und 30 Minuten stehen lassen, damit ein Teil der Feuchtigkeit abfließen kann. Möglichst trocken in einem sauberen Handtuch (Geschirrtuch) auswringen. Butter oder Margarine in eine 2,25-Liter-Schüssel geben. Unbedeckt schmelzen und 1½ Minuten auftauen lassen. Gurke unterrühren. Mit einem Teller abdecken und dreimal 5 Minuten lang mischen. Das Maismehl mit einem Teil der Brühe glatt rühren, dann die restliche Brühe hinzugeben. Nach und nach unter die Gurke mischen. Ohne Deckel etwa 8 Minuten auf Vollgas kochen, dabei drei- bis viermal umrühren, bis die Suppe heiß, glatt und eingedickt ist. Sahne, Salz und Pastis hinzugeben und gründlich vermischen. Unbedeckt bei voller Leistung 1-1½ Minuten erhitzen. Pfeffern.

Currysuppe mit Reis

Serviert 6

Angenehm milde anglo-indische Hühnersuppe.

30 ml/2 Esslöffel Erdnuss- oder Sonnenblumenöl
1 große Zwiebel, gehackt
3 Stangen Sellerie, fein gehackt
15 ml/1 Esslöffel mildes Curry
30 ml/2 Esslöffel halbtrockener Sherry
1 Liter/1¾ Punkte/4¼ Tassen Hühner- oder Gemüsebrühe
125 g Langkornreis
5 ml/1 TL Salz
15 ml/1 Esslöffel Sojasauce
175 g/6 oz/1½ Tassen gekochtes Hähnchen, in Streifen geschnitten
Dicker Naturjoghurt oder Crème fraîche zum Servieren

Gießen Sie das Öl in eine 2,25-Liter-/4-Pt-/10-Tassen-Schüssel. Unbedeckt eine volle Minute lang erhitzen. Zwiebel und Sellerie zugeben. Offen 5 Minuten bei voller Hitze garen, dabei einmal umrühren. Curry, Sherry, Brühe, Reis, Salz und Sojasauce mischen. Mit einem Teller abdecken und zweimal 10 Minuten mischen. Fügen Sie das Huhn hinzu. Zugedeckt wie zuvor 6 Minuten garen. In Schüsseln füllen und Joghurt oder Crème fraîche in jede Schüssel geben.

Vichyssoise

Serviert 6

Eine luxuriöse und gekühlte Version der Lauch- und Kartoffelsuppe, die vom amerikanischen Koch Louis Diat zu Beginn des 20. Jahrhunderts erfunden wurde.

2 Poren
350 g geschälte und in Scheiben geschnittene Kartoffeln
25 g/1 oz/2 EL Butter oder Margarine
30 ml/2 Esslöffel Wasser
450 ml/¾ pt/2 Tassen Milch
15 ml/1 Esslöffel Maismehl (Maisstärke)
150 ml/¼ pt/2/3 Tasse kaltes Wasser
2,5 ml/½ Teelöffel Salz
150 ml/¼ pt/2/3 Tasse einfache (leichte) Sahne
Gehackter Schnittlauch zur Dekoration

Den Lauch schneiden, das meiste Grün abschneiden. Den Rest schneiden und gründlich waschen. Grob hacken. In eine 2-Quart/3½-Quart/8½-Cup-Schüssel mit den Kartoffeln, Butter oder Margarine und Wasser geben. Mit einem Teller abdecken und volle 12 Minuten garen, dabei viermal umrühren. In einen Mixer geben, Milch hinzufügen und zu einer Aufschlämmung verarbeiten. Zurück zum Geschirr. Das Maismehl mit Wasser glatt rühren und in die Schüssel geben. Mit Salz. Ohne Deckel 6 Minuten bei voller Hitze garen, dabei jede Minute umrühren. Abkühlen lassen. Sahne einrühren. Abdecken und gründlich abkühlen. In Schälchen füllen und jede Portion mit Schnittlauch bestreuen.

Gekühlte Gurkensuppe mit Joghurt

6-8 Portionen

25 g/1 oz/2 EL Butter oder Margarine
1 große Knoblauchzehe
1 Gurke, geschält und grob gerieben
600 ml/1 Pt/2½ Tassen Naturjoghurt
300 ml/½ Punkt/1¼ Tasse Milch
150 ml/¼ pt/2/3 Tasse kaltes Wasser
2,5–10 ml/½–2 TL Salz
Gehackte Minze, zur Dekoration

Butter oder Margarine in eine 1,75-Liter-Schüssel geben. Unbedeckt eine volle Minute lang erhitzen. Den Knoblauch zerdrücken und die Gurke hinzufügen. 4 Minuten ohne Deckel garen und zweimal umrühren. Aus der Mikrowelle nehmen. Alle restlichen Zutaten unterrühren. Abdecken und mehrere Stunden kühl stellen. In Schälchen füllen und jede Portion mit Minze bestreuen.

Gekühlte Spinatsuppe mit Joghurt

6-8 Portionen

25 g/1 oz/2 EL Butter oder Margarine
1 große Knoblauchzehe
450 g/1 lb junge Spinatblätter, zerkleinert
600 ml/1 Pt/2½ Tassen Naturjoghurt
300 ml/½ Punkt/1¼ Tasse Milch
150 ml/¼ pt/2/3 Tasse kaltes Wasser
2,5–10 ml/½–2 TL Salz
Saft von 1 Zitrone
Geriebene Muskatnuss oder gemahlene Walnüsse zum Garnieren

Butter oder Margarine in eine 1,75-Liter-Schüssel geben. Unbedeckt eine volle Minute lang erhitzen. Den Knoblauch zerdrücken und den Spinat hinzufügen. 4 Minuten ohne Deckel garen und zweimal umrühren. Aus der Mikrowelle nehmen. In einem Mixer oder einer Küchenmaschine zu einem groben Püree pürieren. Alle restlichen Zutaten unterrühren. Abdecken und mehrere Stunden kühl stellen. In Schälchen füllen und jede Portion mit Muskatnuss oder gemahlenen Walnüssen bestreuen.

Gekühlte Tomatensuppe mit Sherry

Für 4–5 Personen

300 ml/½ pt/1¼ Tassen Wasser

300 ml/10 fl oz/1 Dose kondensierte Tomatensuppe

30 ml/2 EL trockener Sherry

150 ml/¼ pt/2/3 Tasse doppelte (schwere) Sahne

5 ml/1 TL Worcestersauce

Gehackter Schnittlauch zur Dekoration

Gießen Sie das Wasser in einen 1,25-Liter-Topf und erhitzen Sie es ohne Deckel bei voller Hitze 4-5 Minuten lang, bis es sprudelt. Tomatensuppe unterrühren. Wenn alles glatt ist, die restlichen Zutaten gründlich untermischen. Zugedeckt 4-5 Stunden kalt stellen. Mischen, in Glasschalen füllen und jeweils mit Schnittlauch bestreuen.

Neuengland-Fischsuppe

6-8 Portionen

Muschelsuppe, die in Nordamerika immer zum Sonntagsbrunch serviert wird, ist der ultimative Klassiker, aber da Muscheln nicht so leicht zu bekommen sind, hat Weißfisch sie ersetzt.

5 grob gehackte Speckscheiben
1 große Zwiebel, geschält und gerieben
15 ml/1 Esslöffel Maismehl (Maisstärke)
30 ml/2 Esslöffel kaltes Wasser
450 g Kartoffeln, in 1 cm/½ dicke Würfel geschnitten
900 ml/1½ Punkte/3¾ Tassen heiße Vollmilch
450 g feste Weißfischfilets, enthäutet und in mundgerechte Stücke geschnitten
2,5 ml/½ Teelöffel gemahlene Muskatnuss
Salz und frisch gemahlener schwarzer Pfeffer

Legen Sie den Speck in eine 2,5-Liter-/4½-Punkt-/11-Tassen-Schüssel. Die Zwiebel hinzugeben und 5 Minuten offen köcheln lassen. Maismehl mit Wasser glatt rühren und in eine Schüssel geben. Die Kartoffeln und die Hälfte der heißen Milch unterrühren. 6 Minuten ohne Deckel garen und dreimal umrühren. Die restliche Milch einrühren und ohne Deckel 2 Minuten auf Vollgas garen. Den Fisch mit der Muskatnuss und Salz abschmecken. Mit einem Teller abdecken und 2 Minuten bei voller Hitze garen, bis der Fisch weich ist. (Keine Sorge, wenn der Fisch zu flocken beginnt.) In tiefe Schalen gießen und sofort essen.

Krabbensuppe

Serviert 4

25 g/1 oz/2 EL ungesalzene (süße) Butter
20 ml/4 Teelöffel einfaches (Allzweck-)Mehl
300 ml/½ Punkt/1¼ Tasse erwärmte Vollmilch
300 ml/½ pt/1¼ Tassen Wasser
2,5 ml/½ TL englischer Senf
Eine Prise scharfe Paprikasoße
25 g/1 oz/¼ Tasse Cheddar-Käse, gerieben
175 g helles und dunkles Krabbenfleisch
Salz und frisch gemahlener schwarzer Pfeffer
45 ml/3 Löffel trockener Sherry

Geben Sie die Butter in eine 1,75-Liter-Schüssel. Beim Auftauen 1–1½ Minuten schmelzen. Mehl einrühren. Offen 30 Sekunden lang garen. Milch und Wasser nach und nach mischen. Unbedeckt auf hoher Stufe 5-6 Minuten kochen, bis es glatt und eingedickt ist, dabei jede Minute umrühren. Alle restlichen Zutaten untermischen. Ohne Deckel 1½–2 Minuten bei voller Hitze kochen, dabei zweimal umrühren, bis es heiß ist.

Krabben-Zitronen-Suppe

Serviert 4

Als Krabbensuppe zubereiten, aber 5 ml/1 TL fein geriebene Zitronenschale mit den restlichen Zutaten hinzufügen. Jede Portion mit etwas geriebener Muskatnuss bestreuen.

Hummercremesuppe

Serviert 4

Wie Krabbensuppe zubereiten, aber Milch statt Sahne durch Sahne ersetzen und das Krabbenfleisch vom Hummer schneiden.

Getrocknete verpackte Suppe

Geben Sie den Inhalt der Packung in eine 1,25-Liter-/2¼-Pt-/5½-Tassen-Schüssel. Mischen Sie nach und nach die empfohlene Menge kaltes Wasser ein. Abdecken und 20 Minuten stehen lassen, um das Gemüse weicher zu machen. Aufsehen. Mit einem Teller abdecken und 6–8 Minuten auf Vollgas kochen, dabei zweimal umrühren, bis die Suppe kocht und eindickt. 3 Minuten stehen lassen. Mischen und servieren.

Kondensierte Suppe aus der Dose

Gießen Sie die Suppe in einen 1,25 Liter/2¼ pt/5½ Tasse Messbecher. 1 Dose kochendes Wasser hinzugeben und gründlich verquirlen. Mit einem Teller oder einer Untertasse abdecken und 6-7 Minuten bei voller Hitze erhitzen, dabei zweimal umrühren, bis die Suppe gerade kocht. In Schälchen füllen und servieren.

Suppen aufwärmen

Erhitzen Sie für erfolgreiche Ergebnisse klare oder dünne Suppen zu Voll und cremige Suppen und Brühen zum Auftauen.

Eier zum Kochen erhitzen

Von unschätzbarem Wert, wenn Sie sich in letzter Minute für das Backen entscheiden und Eier mit Raumtemperatur benötigen.

Für 1 Ei: Schlagen Sie das Ei in eine kleine Schüssel oder ein Glas. Das Eigelb zweimal mit einem Spieß oder der Spitze eines Messers einstechen, damit die Haut nicht reißt und das Eigelb platzt. Decken Sie die Schüssel oder Tasse mit einer Untertasse ab. 30 Sekunden zum Auftauen erhitzen.

Für 2 Eier: wie 1 Ei, aber 30-45 Sekunden erhitzen.

Für 3 Eier: wie 1 Ei, aber 1–1¼ Minuten erhitzen.

Pochierte Eier

Diese werden am besten einzeln in eigenen Gerichten gekocht.

Für 1 Ei: Gießen Sie 90 ml/6 EL heißes Wasser in eine flache Schüssel. Fügen Sie 2,5 ml/½ Teelöffel milden Essig hinzu, um weiße Ausbreitung zu verhindern. Schieben Sie vorsichtig 1 Ei, das zuerst gebrochen wurde, in das Glas. Das Eigelb zweimal mit einem Spieß oder der Spitze eines Messers einstechen. Mit einem Teller abdecken und 45 Sekunden - 1¼ Minuten backen, je nachdem, wie steif Sie Ihr Eiweiß mögen. 1 Minute stehen lassen. Die perforierte Fischscheibe aus der Schüssel nehmen.

Für 2 Eier, die in 2 Gerichten gleichzeitig gekocht werden: volle 1½ Minuten garen. 1¼ Minuten stehen lassen. Wenn das Eiweiß zu flüssig ist, weitere 15-20 Sekunden kochen.

Für 3 Eier, die in 3 Gerichten gleichzeitig gekocht werden: 2-2½ Minuten auf voller Stufe garen. 2 Minuten stehen lassen. Wenn das Eiweiß zu flüssig ist, weitere 20-30 Sekunden kochen.

Gebratene (gedämpfte) Eier

Die Mikrowelle leistet hier hervorragende Arbeit, und die Eier sind weich und zart, immer mit der Sonnenseite nach oben und mit einem weißen Rand, der sich nie kräuselt. Es wird nicht empfohlen, mehr als 2 Eier gleichzeitig zu braten, da das Eigelb schneller gart als das Eiweiß und hart wird. Dies liegt an der längeren Kochzeit, die zum Festigen des Eiweißes benötigt wird. Verwenden Sie Porzellan oder Töpferwaren ohne jeden Hauch von Dekoration, wie sie es in Frankreich tun.

Für 1 Ei: beschichten Sie eine kleine Porzellan- oder Tonschüssel leicht mit geschmolzener Butter, Margarine oder einer Spur feinem Olivenöl. Das Ei in das Glas aufschlagen und dann in die vorbereitete Schüssel geben. Das Eigelb zweimal mit einem Spieß oder der Spitze eines Messers einstechen. Leicht mit Salz und frisch gemahlenem schwarzem Pfeffer bestreuen. Mit einem Teller abdecken und 30 Sekunden garen. 1 Minute stehen lassen. Weiter kochen für weitere 15-20 Sekunden. Wenn das Weiß nicht fest genug ist, weitere 5-10 Sekunden garen.

Für 2 Eier: wie 1 Ei, jedoch erst 1 Minute voll kochen, dann 1 Minute stehen lassen. Weitere 20-40 Sekunden garen. Wenn das Eiweiß nicht steif genug ist, warten Sie weitere 6-8 Sekunden.

Piperade

Serviert 4

30 ml/2 Esslöffel Olivenöl
3 Zwiebeln, sehr dünn geschnitten
2 grüne Paprikaschoten, entkernt und fein gehackt
6 Tomaten, blanchiert, gehäutet, entkernt und gehackt
15 ml/1 Esslöffel gehackte Basilikumblätter
Salz und frisch gemahlener schwarzer Pfeffer
6 große Eier
60 ml/4 EL doppelte (schwere) Sahne
Anstoßen, servieren

Das Öl in eine tiefe Schüssel mit einem Durchmesser von 25 cm/10 geben und ohne Deckel 1 Minute bei voller Leistung erhitzen. Zwiebel und Paprika unterrühren. Mit einem Teller abdecken und im Auftaumodus 12-14 Minuten garen, bis das Gemüse weich ist. Tomaten und Basilikum untermischen und abschmecken. Zugedeckt wie zuvor 3 Minuten garen. Eier und Sahne gut verschlagen und würzen. In eine Schüssel füllen und mit dem Gemüse mischen. Unbedeckt auf hoher Stufe 4-5 Minuten kochen, bis alles leicht vermischt ist, dabei jede Minute umrühren. Abdecken und 3 Minuten ruhen lassen, bevor es mit knusprigem Toast serviert wird.

Piperade mit Schinken

Serviert 4

Wie Piperade zubereiten, aber auf Portionen von frittiertem (gedämpftem) Brot geben und mit gegrillter (gerösteter) oder Mikrowellenmarmelade (in Scheiben geschnitten) belegen.

Piperada

Serviert 4

Spanische Version von Piperade.

Wie für Piperada zubereiten, aber 2 Knoblauchzehen, zerdrückt mit Zwiebeln und grünem (Paprika) Paprika, und 125 g/4 oz/1 Tasse grob gehackten Schinken zum gekochten Gemüse geben. Jede Portion mit gehackten gefüllten Oliven dekorieren.

Florentiner Eier

Serviert 4

450 g frisch gekochter Spinat
60 ml/4 Esslöffel Schlagsahne
4 pochierte Eier, jeweils 2 gekocht
300 ml/½ Punkt/1¼ Tasse heiße Käsesauce oder Mornay-Sauce
50 g/2 oz/½ Tasse geriebener Käse

Spinat und Sahne in einer Küchenmaschine oder einem Mixer verarbeiten. In eine gebutterte flache ofenfeste Form (18 cm/7) geben. Mit einem Teller abdecken und volle 1½ Minuten erhitzen. Die Eier darauf anrichten und mit scharfer Soße bedecken. Mit Käse bestreuen und auf einem heißen Grill (Masthähnchen) braten.

Pochiertes Ei Rossini

AUFSCHLÄGE 1

So entsteht ein elegantes leichtes Mittagessen mit einem Blattsalat.

Frittieren (braten) oder backen Sie geschälte Weizenmehlscheiben. Mit glatter Leberpastete bestreichen, die, wenn es die Kosten zulassen, Trüffel enthält. Mit einem frisch gekochten pochierten Ei bestreuen und sofort servieren.

Auberginen-Mixer

Serviert 4

Eine israelische Idee, die sich gut in einen Mikrowellenofen umwandeln lässt. Der Geschmack ist überraschend stark.

750g/1½lb Auberginen (Auberginen)
15 ml/1 Esslöffel Zitronensaft
15 ml/1 Esslöffel Mais- oder Sonnenblumenöl
2 Zwiebeln, fein gehackt
2 Knoblauchzehen, zerdrückt
4 große Eier
60 ml/4 Esslöffel Milch
Salz und frisch gemahlener schwarzer Pfeffer
Heißer Toast mit Butter zum Servieren

Die Auberginen mit Kopf und Schwanz bedecken und der Länge nach halbieren. Auf einen großen Teller legen, klein schneiden und mit Küchenpapier abdecken. 8-9 Minuten auf hoher Stufe garen oder bis sie weich sind. Das Fruchtfleisch der Schalen zusammen mit dem Zitronensaft direkt in eine Küchenmaschine geben und zu einer dicken Paste verarbeiten. Geben Sie das Öl in eine 1,5-Liter-/2½-Punkte-/6-Tassen-Schüssel. Unbedeckt volle 30 Sekunden erhitzen. Zwiebel und Knoblauch unterrühren. Offen 5 Minuten bei voller Hitze garen. Eier mit Milch verquirlen und abschmecken. In eine Schüssel gießen und mit der Zwiebel und dem Knoblauch volle 2 Minuten rühren, dabei alle 30 Sekunden umrühren. Zwiebel und Knoblauch mischen und das Auberginenpüree hinzugeben. Ohne Deckel 3-4 Minuten auf hoher Stufe weiterkochen, dabei alle 30 Sekunden umrühren, bis die Mischung eindickt und die Eier verrührt sind. Serviert auf heißem Buttertoast.

Klassisches Omelett

Dient 1

Ein Omelett mit einer leichten Textur, das pur oder gefüllt serviert werden kann.

Geschmolzene Butter oder Margarine
3 Eier
20 ml/4 TL Salz
Frisch gemahlener schwarzer Pfeffer
30 ml/2 Esslöffel kaltes Wasser
Petersilie oder Brunnenkresse zur Dekoration

Fetten Sie eine flache Form mit einem Durchmesser von 20 cm/8 cm mit zerlassener Butter oder Margarine ein. Die Eier mit allen restlichen Zutaten außer dem Dressing sehr gründlich verquirlen. (Das vorsichtige Aufschlagen der Eier wie bei traditionellen Omeletts reicht nicht aus.) In eine Schüssel gießen, mit einem Teller abdecken und in die Mikrowelle stellen. 1½ Minuten auf voller Stufe garen. Decken Sie die Eimischung ab und rühren Sie sie vorsichtig mit einem Holzlöffel oder einer Gabel um, wobei Sie die teilweise fest gewordenen Ränder in die Mitte bringen. Wie zuvor abdecken und wieder in die Mikrowelle stellen. 1½ Minuten auf voller Stufe garen. Abdecken und

30-60 Sekunden weitergaren oder bis die Oberseite gerade fest ist. In drei Teile falten und auf eine erhitzte Platte schieben. Garnieren und sofort servieren.

Aromatisierte Omeletts

Dient 1

Petersilie Omelett: Als klassisches Omelett zubereiten, aber 30 ml/2 EL gehackte Petersilie über die Eier streuen, nachdem das Omelett die ersten 1,5 Minuten gekocht hat.

Schnittlauch-Omelett: Als klassisches Omelett zubereiten, aber 30 ml/2 EL gehackten Schnittlauch über die Eier streuen, nachdem das Omelett die ersten 1,5 Minuten gekocht hat.

Brunnenkresse-Omelett: Als klassisches Omelett zubereiten, aber 30 ml/2 EL gehackte Brunnenkresse über die Eier streuen, nachdem das Omelett die ersten 1,5 Minuten gekocht hat.

Omelett mit feinen Kräutern: Als klassisches Omelett zubereiten, aber 45 ml/3 EL gemischte gehackte Petersilie, Brunnenkresse und Basilikum über die Eier streuen, nachdem das Omelett die ersten 1,5 Minuten gekocht hat. Wir können auch etwas frischen Estragon hinzufügen.

Curry-Omelette mit Koriander: wie ein klassisches Omelett zubereiten, aber neben Salz und Pfeffer die Eier und das Wasser mit 5-10 ml / 1-2 TL Currypulver verquirlen. Nachdem das Omelett die ersten 1,5 Minuten gekocht hat, die Eier mit 30 ml/2 TL gehacktem Koriander bestreuen.

Omelette mit Käse und Senf: wie ein klassisches Omelette zubereiten, aber neben Salz und Pfeffer die Eier und das Wasser mit 5 ml/1 TL Senf und 30 ml/2 TL sehr fein geriebenem und gut gewürztem Hartkäse verquirlen.

Brunch-Omelett

1-2 Portionen

Ein Omelett nach nordamerikanischer Art, das traditionell zum Sonntagsbrunch serviert wird. Das Brunch-Omelett kann wie ein klassisches Omelett aromatisiert und gefüllt werden.

Wie ein klassisches Omelett zubereiten, aber statt 30 ml/2 EL Wasser 45 ml/3 EL kalte Milch ersetzen. Nach dem Aufdecken 1-1½ Minuten auf voller Hitze garen. In drei Teile falten und vorsichtig auf einen Teller legen.

Pochiertes Ei mit geschmolzenem Käse

Dient 1

1 Scheibe heißer Toast mit Butter
45 ml/3 Esslöffel Frischkäse
Tomatenketchup (Katsup)
1 verlorenes Ei
60–75 ml/4–5 Esslöffel geriebener Käse
Rote Paprika

Frischkäse auf den Toast streichen und dann Tomatenketchup. Auf einen Teller legen. Ein pochiertes Ei darauf legen, dann mit geriebenem Käse bestreuen und mit Paprika bestreuen. Ohne Deckel 1-1½ Minuten auf Auftaustufe erhitzen, bis der Käse zu schmelzen beginnt. Jetzt essen.

Eier Benedikt

1-2 Portionen

Kein Sonntagsbrunch in Nordamerika wäre komplett ohne Eggs Benedict, eine sündhaft reichhaltige Eierzubereitung, die allen Kalorien- und Cholesterinbeschränkungen trotzt.

Teilen und backen Sie ein Muffin oder einen Kuchen. Legen Sie einen Ausschnitt (Scheibe) traditionell gegrillten (gerösteten) feinen Speck darauf und bestreuen Sie beide Hälften mit einem frisch pochierten Ei. Mit Sauce Hollandaise bestreichen und anschließend leicht mit Paprikapulver bestäuben. Jetzt essen.

Omelett Arnold Bennett

2 dient

Das Omelett soll vom Küchenchef des Londoner Savoy Hotels zu Ehren des berühmten Schriftstellers kreiert worden sein und ist ein monumentales und unvergessliches Omelett für jeden großen Tag und Feiertag.

175 g/6 Unzen geräucherter Schellfisch oder Kabeljaufilet
45 ml/3 Esslöffel kochendes Wasser
120 ml/4 fl oz/½ Tasse Crème fraîche
Frisch gemahlener schwarzer Pfeffer
Geschmolzene Butter oder Margarine zum Bestreichen
3 Eier
45 ml/3 Löffel kalte Milch
Prise Salz

50 g/2 oz/½ Tasse farbiger Cheddar- oder Red Leicester-Käse, gerieben

Legen Sie den Fisch in eine flache Schüssel mit Wasser. Mit einem Teller abdecken und 5 Minuten garen. 2 Minuten stehen lassen. Das Fruchtfleisch abgießen und mit einer Gabel zerkleinern. Crème fraîche hinzugeben und mit Pfeffer würzen. Fetten Sie eine flache Form mit einem Durchmesser von 20 cm/8 cm mit zerlassener Butter oder Margarine ein. Die Eier mit Milch und Salz gründlich verquirlen. In Gerichte gießen. Mit einem Teller abdecken und 3 Minuten bei voller Hitze garen, während der halben Garzeit die Ränder in die Mitte falten. Aufdecken und weitere 30 Sekunden bei voller Hitze garen. Mit der Mischung aus Fisch und Sahne bestreichen und mit Käse bestreuen. Ohne Deckel 1-1½ Minuten auf hoher Stufe garen, bis das Omelett heiß und der Käse geschmolzen ist. In zwei Portionen teilen und sofort servieren.

Tortilla

2 dient

Das deklarierte spanische Omelett ist rund und flach wie ein Pfannkuchen. Es wird bequem mit Brot- oder Brötchenstücken und einem knackigen grünen Salat kombiniert.

15 ml/1 Esslöffel Butter, Margarine oder Olivenöl
1 fein gehackte Zwiebel
175 g gekochte Kartoffeln in Würfel geschnitten

3 Eier

5 ml/1 TL Salz

30 ml/2 Esslöffel kaltes Wasser

Butter, Margarine oder Öl in einen tiefen Teller mit einem Durchmesser von 20 cm/8 geben. Während des Auftauens 30-45 Sekunden erhitzen. Zwiebel unterrühren. Mit einem Teller abdecken und 2 Minuten im Auftaumodus garen. Kartoffeln unterrühren. Wie zuvor abdecken und 1 Minute auf voller Stufe garen. Aus der Mikrowelle nehmen. Die Eier gründlich mit Salz und Wasser schlagen. Gleichmäßig über Zwiebeln und Kartoffeln gießen. Ohne Deckel die vollen 4½ Minuten garen, dabei den Topf einmal wenden. 1 Minute stehen lassen, dann in zwei Portionen teilen und jede Portion auf einen Teller geben. Jetzt essen.

Spanisches Omelett mit gemischtem Gemüse

2 dient

30 ml/2 Esslöffel Butter, Margarine oder Olivenöl

1 fein gehackte Zwiebel

2 Tomaten, gehäutet und gehackt

½ kleine grüne oder rote Paprika, fein gehackt

3 Eier

5–7,5 ml/1–1½ TL Salz

30 ml/2 Esslöffel kaltes Wasser

Butter, Margarine oder Öl in einen tiefen Teller mit einem Durchmesser von 20 cm/8 geben. 1½ Minuten zum Auftauen erhitzen. Zwiebel, Tomaten und gehackte Paprika unterrühren. Mit einem Teller abdecken und im Auftaumodus 6-7 Minuten garen, bis sie weich sind. Die Eier gründlich mit Salz und Wasser schlagen. Gleichmäßig über das Gemüse gießen. Mit einem Teller abdecken und volle 5-6 Minuten garen, bis die Eier stocken, dabei die Pfanne einmal wenden. In zwei Teile teilen und jede Portion auf einen Teller geben. Jetzt essen.

Spanisches Omelett mit Schinken

2 dient

Als spanisches Omelett mit gemischtem Gemüse zubereiten, aber 60 ml/4 EL grob gehackter luftgetrockneter spanischer Schinken und 1-2 zerdrückte Knoblauchzehen zum Gemüse geben und weitere 30 Sekunden garen.

Rohe Eier in Selleriesauce

Serviert 4

Ein abgekürztes Mittag- oder Abendessen, das Vegetariern ausreichend Nahrung bietet.

6 große hart gekochte (gekochte) Eier, geschält und halbiert
300 ml/10 fl oz/1 Dose kondensierte Selleriesuppe
45 ml/3 Esslöffel Vollmilch
175 g geriebener Cheddar-Käse
30 ml/2 Esslöffel fein gehackte Petersilie
Salz und frisch gemahlener schwarzer Pfeffer
15 ml/1 Esslöffel geröstete Semmelbrösel
2,5 ml/½ TL Paprika

Legen Sie die Eihälften in eine 20 cm/8 tiefe Schüssel. Mischen Sie in einer separaten Schüssel oder Schüssel vorsichtig die Suppe und die Milch. Ohne Deckel volle 4 Minuten erhitzen und dabei jede Minute umrühren. Die Hälfte des Käses einrühren und ohne Deckel 1-1½ Minuten auf höchster Stufe erhitzen, bis er geschmolzen ist. Die Petersilie unterrühren, abschmecken und dann die Eier Löffel für Löffel hinzufügen. Mit restlichem Käse, Paniermehl und Paprika bestreuen. Vor dem Servieren unter einem heißen Grill (Broiler) braten.

Ei Fu Yung

2 dient

5 ml/1 Esslöffel Butter, Margarine oder Maisöl
1 fein gehackte Zwiebel

30 ml/2 TL gekochte Erbsen
30ml/2 EL gekochte Sojasprossen oder Sojasprossen aus der Dose
125 g Champignons in Scheiben geschnitten
3 große Eier
2,5 ml/½ Teelöffel Salz
30 ml/2 Esslöffel kaltes Wasser
5 ml/1 Teelöffel Sojasauce
4 Frühlingszwiebeln (fein gehackt).

Butter, Margarine oder Öl in eine 20 cm/8 tiefe Schüssel geben und ohne Deckel 1 Minute zum Auftauen erhitzen. Die gehackte Zwiebel unterrühren, mit einem Teller abdecken und 2 Minuten lang garen. Erbsen, Sojasprossen und Pilze unterrühren. Zudecken wie zuvor und volle 1½ Minuten garen. Aus der Mikrowelle nehmen und umrühren. Die Eier gründlich mit Salz, Wasser und Sojasauce verquirlen. Gleichmäßig über das Gemüse gießen. Volle 5 Minuten offen garen, dabei zweimal wenden. 1 Minute stehen lassen. In zwei Teile teilen und jeweils auf eine erhitzte Platte legen. Mit Frühlingszwiebeln garnieren und sofort servieren.

Pizza-Omelett

2 dient

Neue Pizza, Boden aus einem flachen Omelett statt Sauerteig.

15 ml/1 Esslöffel Olivenöl
3 große Eier

45 ml/3 Löffel Milch

2,5 ml/½ Teelöffel Salz

4 Tomaten, blanchiert, gehäutet und in Scheiben geschnitten

125 g/4 oz/1 Tasse Mozzarella-Käse, geraspelt

8 Dosensardellen in Öl

8–12 entsteinte schwarze Oliven

Geben Sie das Öl in eine 20 cm/8 tiefe Schüssel und erhitzen Sie es ohne Deckel 1 Minute lang im Auftaumodus. Die Eier sehr gründlich mit Milch und Salz schlagen. In eine Schüssel füllen und mit einem Teller abdecken. 3 Minuten lang garen, dabei die Ränder nach halber Garzeit in die Mitte der Pfanne schieben. Aufdecken und weitere 30 Sekunden bei voller Hitze garen. Mit Tomaten und Käse bestreichen, dann mit Sardellen und Oliven dekorieren. Ohne Deckel 4 Minuten bei voller Hitze garen, dabei zweimal wenden. In zwei Portionen teilen und sofort servieren.

Soufflé-Omelett

Serviert 4

1 sehr frischer Karpfen, geputzt und in 8 dünne Scheiben geschnitten

30 ml/2 Löffel Malzessig

3 Karotten, in dünne Scheiben geschnitten

3 Zwiebeln, in dünne Scheiben geschnitten

600 ml/1 pt/2½ Tassen kochendes Wasser

10–15 ml/2–3 TL Salz

Den Karpfen waschen, dann 3 Stunden in ausreichend kaltem Wasser mit Essig einweichen, um den Fisch zu bedecken. (Dadurch wird der schlammige Geschmack entfernt.) Karotten und Zwiebeln in eine 23 cm/9 tiefe Schüssel mit kochendem Wasser und Salz geben. Mit Folie (Plastikfolie) abdecken und zweimal durchschneiden, damit der Dampf entweichen kann. 20 Minuten bei voller Leistung garen, dabei den Topf viermal wenden. Abgießen, Flüssigkeit auffangen. (Gemüse kann an anderer Stelle in der Fischsuppe oder in der Pfanne verwendet werden.) Gießen Sie die Flüssigkeit zurück in die Schüssel. Fügen Sie den Karpfen in einer einzigen Schicht hinzu. Zudecken wie zuvor und die vollen 8 Minuten garen, dabei den Topf zweimal wenden. 3 Minuten stehen lassen. Den Karpfen mit einer Fischscheibe in eine flache Schüssel geben. Abdecken und kühl stellen. Die Flüssigkeit in einen Krug umfüllen und abkühlen lassen, bis sie leicht geleeartig ist. Das Gelee über den Fisch gießen und servieren.

Rollmops mit Aprikosen

Serviert 4

75 g getrocknete Aprikosen
150 ml/¼ pt/2/3 Tasse kaltes Wasser

3 gekaufte Rollmops mit gehackten Zwiebeln
150 g Crème fraîche
Gemischte Salatblätter
Knäckebrot

Aprikosen waschen und in Stücke schneiden. In eine Schüssel mit kaltem Wasser geben. Mit einem umgedrehten Teller abdecken und 5 Minuten lang auf Vollgas erhitzen. 5 Minuten stehen lassen. Freigeben. Rollmops in Streifen schneiden. Zu den Aprikosen mit Zwiebel und Crème fraîche geben. Gut mischen. Zugedeckt im Kühlschrank 4-5 Stunden marinieren lassen. Serviert auf Blattsalaten mit Knäckebrot.

Pochierter Kipper

Dient 1

Der Mikrowellenherd verhindert, dass Gerüche ins Haus gelangen und hinterlässt den Bückling saftig und zart.

1 großer ungefärbter Bückling, ca. 450 g/1 lb

120 ml/4 fl oz/½ Tasse kaltes Wasser

Butter oder Margarine

Den Bückling abschneiden, den Schwanz wegwerfen. 3-4 Stunden lang mehrmals in kaltem Wasser einweichen, um die Salzigkeit zu reduzieren, dann abtropfen lassen, falls gewünscht. In einen großen flachen Behälter mit Wasser geben. Mit Folie (Plastikfolie) abdecken und zweimal durchschneiden, damit der Dampf entweichen kann. 4 Minuten voll garen. Auf einem warmen Teller mit einem Stück Butter oder Margarine servieren.

Madras-Garnelen

Serviert 4

25 g/1 oz/2 EL Ghee oder 15 ml/1 EL Erdnussöl

2 Zwiebeln, gehackt

2 Knoblauchzehen, zerdrückt

15 ml/1 Esslöffel scharfes Curry

5 ml/1 Teelöffel gemahlener Kreuzkümmel

5 ml/1 TL Garam Masala

Saft von 1 kleinen Limette

150 ml/¼ pt/2/3 Tasse Fisch- oder Gemüsebrühe

30 ml/2 Löffel Tomatenpüree (Paste)

60 ml/4 Esslöffel Sultaninen (goldene Rosinen)

450 g/1 lb/4 Tassen geschälte Garnelen (Garnelen), aufgetaut wenn gefroren

175 g Langkornreis, gekocht

Papadams

Geben Sie das Ghee oder Öl in eine 20 cm/8 tiefe Schüssel. Unbedeckt eine volle Minute lang erhitzen. Zwiebel und Knoblauch gründlich mischen. Offen 3 Minuten bei voller Hitze garen. Curry, Kreuzkümmel, Garam Masala und Limettensaft hinzugeben. Offen 3 Minuten bei voller Hitze garen und zweimal umrühren. Brühe, Tomatenpüree und Sultaninen dazugeben. Mit einem umgedrehten Teller abdecken und 5 Minuten garen. Falls nötig, die Garnelen abtropfen lassen, dann in die Schüssel geben und mischen. Ohne Deckel 1½ Minuten bei voller Hitze garen. Serviert mit Reis und Popad.

Martini-Schollen-Röllchen mit Sauce

Serviert 4

8 Flunderfilets, 175 g/6 oz, gewaschen und getrocknet
Salz und frisch gemahlener schwarzer Pfeffer
Saft von 1 Zitrone
2,5 ml/½ Teelöffel Worcestersauce
25 g/1 oz/2 EL Butter oder Margarine
4 Schalotten, geschält und gehackt
100 g gekochter Schinken, in Streifen geschnitten
400 g Champignons, in dünne Scheiben schneiden
20 ml/4 TL Maismehl (Maisstärke)
20 ml/4 TL kalte Milch
250 ml/8 fl oz/1 Tasse Hühnerbrühe
150 g/¼ Pt/2/3 Tasse einfache (leichte) Sahne
2,5 ml/½ Teelöffel Kristallzucker (sehr fein).
1,5 ml/¼ TL Kurkuma
10 ml/2 TL Martini Bianco

Den Fisch mit Salz und Pfeffer würzen. In Zitronensaft und Worcestershire-Sauce 15-20 Minuten marinieren. Butter oder Margarine in einem Topf (Pfanne) schmelzen. Die Schalotten hinzufügen und sanft braten (sautieren), bis sie weich und durchscheinend sind. Schinken und Champignons zugeben und 7 Minuten braten. Das Maismehl mit der kalten Milch glatt rühren und die restlichen Zutaten hinzufügen. Die Flunderfilets aufrollen und mit Cocktailstäbchen (Zahnstochern) einstechen. In eine 20 cm/8 tiefe Schüssel geben. Mit der Pilzmischung bestreichen. Mit Folie (Plastikfolie) abdecken und zweimal durchschneiden, damit der Dampf entweichen kann. 10 Minuten voll garen.

www.ingramcontent.com/pod-product-compliance
Lightning Source LLC
Chambersburg PA
CBHW071234080526
44587CB00013BA/1604